꿈은 실행에 옮기는 순간부터 실현된다

The Millionaire Mentor
Copyright ⓒ 2003 by Greg S. Reid
All Rights reserved
Korean Translation Copyright ⓒ 2014 by Sejong Media Publishing Co.
Korean edition is published by arrangement with Markowski International Publishers through Imprima Korea Agency

이 책의 한국어판 저작권은 Imprima Korea Agency를 통해 Markowski International Publishers와의 독점 계약으로 세종미디어에 있습니다.
저작권법에 의해 한국 내에서 보호를 받는 저작물이므로 무단전재와 무단복제를 금합니다.

실행의 힘

그레그 S. 레이드 지음   안진환 옮김

세종미디어

추천의 글

사회 초년생부터 세일즈맨, 퇴직을 앞둔 직장인까지 추천하고픈 책!

현재 (사)한국 영업인협회의 회장으로서 영업사원들을 대상으로 심현수식 개척비법을 강의하고 있지만, 나 역시 시작은 대학을 중퇴한 영업 초보였다. 출발점은 다른 세일즈맨들과 크게 다를 것 없었지만 영업을 시작한 지 10여 년 만에 대한민국 대표 세일즈 멘토가 될 수 있었던 이유는 '항상 감사, 절대 긍정, 오직 초심, 뚝심 일관' 이 네 단어를 마음에 새기고 세일즈 멘토가 되겠다는 목표를 이루기 위해 부단히 노력했기 때문이다.

지금의 자리에 오르기까지 나는 대학 졸업장과 10여 년의 시간, 그리고 무수한 시행착오를 기회비용으로 지불했다. 만약 내가 처음 시작할 때 방향을 제시해 주고 이끌어 줄 수 있는 멘토를 만났다면 조금 더 빨리, 조금 더 쉽게 목표를 달성했을 것이다. 하지만 생각만으론 꿈을 이룰 수 없다는 사실은 모두가 아는 얘기지만 어디서부터 시작해야할지 몰라 선뜻 시작하지 못하는 것이 사실이다. 누구나 원하는 성공한 삶을 살기 위해 우리는 어떻게 해야 할까?

이 책은 소년 오스카가 성장하면서 멘토 로이를 만나 목표를 세우고 꿈을 이루기 위한 일련의 과정을 거치며 훌륭한 세일즈맨으로 성장하는 과정, 그리고 종래에는 평생의 꿈을 실현해내고 다시 누군가의 훌륭한 멘토로 성장하는 과정을 쉽게 풀어 설명하고 있다.

오스카가 세일즈맨으로 성장하며 겪은 어려움들은 실제 우리 인생의 삶에서 흔히 부딪히게 되는 어려움과 크게 다르지 않다. 때문에 이 책 속에서 멘토 로이가 준 가르침은 일에 지치고 힘든 우리 모두에게 한 단계 더 발전할 수 있는 깨달음을 일깨워 준다.

소년 오스카가 이루어낸 성과는 대단하다. 사회적으로 인정받는 지위에 올랐고 개인적인 꿈도 실현해냈다. 그러나 그가 처음부터 대단한 사람은 아니었다. 다만 그 꿈을 목표로 현실화시키고 그 목표를 달성할 수 있는 구체적인 목표를 꾸준히 실행해나갔을 뿐이다. 나 역시 시작은 보잘것없었지만 인생 계획표(비전 플래닝)에 따른 구체적인 목표를 세우고 이를 실행해 나가면서 지금의 자리에 오를 수 있었다.

인생의 방향을 잡지 못해 헤매는 사람부터 보다 크게 성공하고 싶은 사람, 멀게는 내 꿈을 발견, 실현하고 누군가의 멘토로 자리매김하고 싶은 모두에게 이 책을 추천한다. 이 책의 맨 마지막에 지혜의 성공 카드를 정리해두었는데 어려움에 처해 있는 사람이 있다면 복사해서 1장씩 나누어 주면 꿈과 희망이 될 것이다.

2014년 심현수(세종대학교 바이럴마케팅 CEO과정 지도교수)

추천의 글

꿈이 이루어지기 시작했다

　로이를 보면서 '내가 자랄 때 왜 로이 같은 분이 없었을까?' 하는 생각을 가끔 해 보게 되었다. 참 좋은 멘토가 있었더라면, 참 좋은 스승이 있었더라면 내가 잘 변했을 텐데, 지금보다 더 나아졌을 텐데, 하는 생각이 들었다. 그런데 그런 생각을 할 때면 주변에서 비슷한 이야기를 많이 들어왔다는 사실도 알게 된다. 나뿐 아니라 많은 사람들이 좋은 멘토가 있었더라면, 하고 늘 자신의 현실을 정당화한다는 것이다.
　한 권의 책이 멘토가 될 수는 없을까? 당연히 멘토의 자격이 충분하다. 대부분의 작가는 한 권의 책을 쓰기 위해 많은 노력을 기울인다. 나 역시도 몇 권의 책을 낸 작가로서, 그 원고를 마무리하는 과정이 얼마나 고통스러운지 잘 알고 있다. 그렇기에 한 권의 책은 한 사람의 좋은 노하우를 너무 잘 담고 있는 멋진 멘토링의 도구다. 게다가 우리는 한 명의 멘토를 만나길 소원하면서도 수십, 수백 권의 책을 읽을 수 있고, 접할 수 있다는 사실을 간과한다. 로이 같은 멘토가 없다고 투덜거리는 사람들에게 이 책을 특별하게 건네고 싶은 이유 중 하나. 이 속에 당신이 원하는 '멘토'가 있기 때문이다.
　많은 책을 읽는다고 해서 사람들이 변하는 것은 아니다. 많은 양의 정보를 담고 있는 책이 갖는 가치는 분명 있겠지만, 인간은 망각의 동물이기도 하고, 부정적인 존재이며, 사실 책에 있는 많은 내용을 잘못 이해하는 불완전한 가치관의 소유자들이기도 하다. 그런 점에서 한 권의 책을 읽고 좋은 결과를 내려면 책 자체가 그만큼 잘 만들어져야 한다는 게 개인적인 지론이다. 그런 점에서 이 책의 '성공 카드'는 참 잘 만들어진 도구이다. 책의 내용을 편안히 읽고, 로이의 성공 카드를 지니고 다닌다면 로이가 멘토링한 주인공이 오스카란 사실쯤은 잊어도 괜찮을 듯싶다. 출력해서 모니터 앞에, 책상 앞에 붙여 놓는 것도 좋은 방법이다. 당연히 이 책에서 말하는 것처럼 주변 사람들한테 나눠 주는 건 더 멋진 일이다. 필자가 아이디어를 더한다면, 명함으로 만들어서 나눠 주면 효과가 클 듯싶다.

그 모든 글귀가 기억이 될 때쯤이면, 하나 둘 정도의 글귀는 이미 실행에 옮기고 있을 것이다. 당신이 그 글귀들을 실행에 옮길 때, 당신을 두고 로이는 분명 이렇게 말할 것이다.

이 책을 집어 든 순간, 꿈이 이루어지기 시작했다고······.

2014년 백기락(작가, 칼럼니스트)

프롤로그

"당신의 꿈은 무엇입니까?"

이 질문을 읽는 순간, 바로 답이 나왔는가? 그렇다면 희망이 있다. 무엇이든 꿈이 있으면 살아갈 낙도 있는 거고 낙을 갖고 살다 보면 뭐라도 하나 건지게 되는 법이니까. 얼마 전까진 있었는데 지금은 잃어버렸는가? 그래도 희망은 있다. 다시 되살리면 되는 거니까. 그런 거 이미 버린 지 오래인가? 그렇더라도 희망까진 버리지 말자. 마음먹고 찾으면 길거리에 깔린 꿈 가운데 하나쯤 주울 수 있으니까. 어쨌든 지구상의 그 무수한 사람들이 다 이 세 가지 범주 안에 든다. 현재 꿈이 있거나 얼마 전에 잃어버렸거나 오래전에 버렸거나 애당초 꿈이 없었다고 주장할 사람도 있을지 모르나 그것은 거짓말이거나 자기기만이다. 어린 시절 "꿈이 뭐냐?"는 질문을 그렇게나 들으면서 한번쯤 자신의 꿈을 정해보지 않은 사람은 없을 테니까. 그래도 정녕 애초부터 없었다고 주장하고 싶다면 그냥 조용히 책을 덮고 사라져 달라. 여기선 사람으로 치지 않으니까 말이다.

자, 이제 정리가 됐으니 이야기 한 편부터 풀어보자. 꽤나 유명한 작가가 쓴 아주 유명한 내용이다. 학창시절 읽은 내용을 기억나는 대로 옮겨 놓을 테니 본인이 아는 바와 다르다고 딴지 걸지는 말기로 하자. 중요한 것은 요점이니까.

어느 마을에 어떤 발명가가 살았다. 그 사람의 꿈은 소리 나는 상자를 발명하는 것이었다. 그는 그 꿈을 실현하기 위해 집에 틀어박혀 연구에 몰두했다. 그리고 어느 날 드디어 꿈을 이루었다. 그는 소리 나는 상자를 집어 들고는 동네 한가운데 나가 사람들을 불러 모았다. "여보시오. 내가 소리 나는 상자를 발명했소이다. 한번 들어보시구려!" 한참을 듣던 마을 사람들이 웅성거렸다. "저 사람, 지금 라디오 가지고 뭐 하자는 거여?" "미친 거 아냐?" 발명가는 분함을 삼키며 다시 다짐했다. '그래? 그렇다면 이번엔 그림까지 나오는 상자를 만들어 세상을 놀라게 하자.' 다시 집에 틀어박혀 연구에 몰두한 발명가는 마침내 그 꿈도 이루었다. 흥분한 그는 다시 마을 사람들을 모아놓고 외쳤다. "여보시오. 이제는 여기서 그림도 나온다오." 그러자 사람들 사이에 비웃음이 일었다. "아니 저 인간 이번에는 텔레비전을 들고 나왔네." "완전히 돌았구먼."

이 이야기에 담긴 철학적 의미는 신경 쓰지 않아도 된다. 그저 꿈을 갖는다면 과연 어떤 꿈을 갖는 게 바람직한지 생각해 보자는 취지로 소개한 거니까. 그렇다. 현실에 기반하며 현실과 소통하는 꿈, 현실과 괴리되지 않는 꿈을 가져야 한다는 얘기다. 마음만 먹으면 단박에 이룰 수 있는 일을 놓고 우리는 꿈이라 하지는 않는다. 즉 일정 기간 특정한 정도의 노력을 기울여야 이룰 수 있는 게 꿈이다. 그런데 다 이뤘는데 아무런 보답도 보람도 없다면? 그리 길지도 않은 생애에 굳이 그런 헛고생에 매달릴 필요는 없지 않겠는가. 또 만약 어떤 고3 학생이 성적은 9등급이면서 명문대 진학이 꿈이라고 말하면 사람들은 어떻게 생각하겠는가? 음정도 못 맞추면서 다음 번 오디션 프로에서 스타로 등극하는 게 꿈이라는 어떤 여학생은? 너무 비현실적인 꿈은 본인뿐 아니라 주변까지 힘들게 만들면서 소모와 낭비만 조장할 뿐이다. 그래서 꿈에도 '길잡이'가 필요한 것이다. 일테면 '역할 모델'이나 '멘토' 같은 존재 말이다.

이쯤에서 누군가 항변할지도 모르겠다. "세상을 바꿀 수 있다고 믿을 만큼 미친 사람들이 결국 세상을 바꾸는 사람들이라는 말도 있지 않습니까? 이왕이면 원대하고 야심찬 꿈을 품는 게 바람직하지 않겠습니까?" 누가 그러지 말라고 했나? 현실과 소통하라고 했을 뿐이다. 생각해 보라. 사실 원대한 꿈일수록 현실에 기반하며 현실과 소통해야 이룰 수 있는 법이다. 큰 꿈일수록 시간이 더 많이 걸린다는 사실에는 누구든 동의할 수 있으리라 본다. 큰 꿈일수록 단계별로 이뤄나가야 한다는 말에도 동의해 주길 바란다. 전 단계를 토대로 다음 단계를 준비하며 나아가는 것, 그게 바로 현실에 기반하며 현실과 소통하는 것이고, 그래야 그 원대한 꿈에 가까이 다가갈 수 있는 것이다.

자, 이제 당신에게는 현실과 괴리되지 않은 꿈이 있다. 그럼 두 번째 질문에 답해보라. "당신은 그 꿈을 어떻게 이룰 계획입니까?" 정답은 다 알고 있지 않은가? 단계별로 접근하면 된다고 하지 않았는가. "그러니까, 그 단계별 접근이라는 게 구체적으로 어떻게 하는 거냐고요?" 책장을 넘기고 오스카의 여정을 따라가 보면 된다. 아주 실감나게 자세히 배울 수 있다.

Contents

추천의 글 · **004**
프롤로그 · **008**
첫 만남 · **013**
세일즈맨이 된 오스카 · **043**
판매의 비법을 배우다 · **065**
매니저와 리더는 분명 다르다 · **091**
인생의 목표를 찾아서 · **145**
이제, 당신 차례다 · **173**
로이의 성공 카드 · **180**

"오늘 바로 아이디어를 실행에 옮긴다면
내일은 어디쯤 가 있을까?"

첫 만남

토요일 아침 10시, 아이스크림 가게 앞에서 오스카는 새로운 멘토와의 첫 만남을 기다리고 있었다. 어릴 때부터 아빠 없이 자란 오스카는 아빠 역할을 해 줄 사람을 간절히 원했다. 물론 오스카는 오늘 만나는 사람이 자신의 인생을 완전히 바꿔 놓으리라는 것을 전혀 모르는 상태였다.

오스카는 문제아가 아니다. 다만 지역의 멘토 연계 프로그램에 따르면 '그럴 소지가 있는' 아이일 뿐이다. 관심을 받지 못하고 나쁜 영향을 받으면 나쁜 길로 빠져들지도 모른다. 그래서 지금 오스카에게는 그를 긍정적인 방향으로 인도해 줄 역할 모델이 필요하다.

이번에 오스카의 엄마가 아들을 위해 신청한 멘토 프로그램은 마을의 화젯거리였다. 프로그램을 운영하는 사무소는 철저하고 광범위한 검증을 거친 후 멘토들을 영입한다고 했다. 그래서 엄마는 오스카의 멘토로 결정된 로이를 직접 만나본 후 아들에게 더할 나위 없이 좋은 모델이 될 거라고 확신했다.

오스카는 글자가 박힌 티셔츠를 입고 아이스크림 가게 앞에 서서 지나가는 자동차를 유심히 바라보고 있었다. 빨리 멘토를 만나고 싶었기 때문이다.

번쩍번쩍 빛나는 신형 메르세데스 벤츠 한 대가 속도를 줄이더니 오스카 바로 앞에 서자, 오스카의 눈이 밝게 빛났다. 자동차 창이 부드럽게 내려가고 친절해 보이는 아저씨가 미소를 지으며 말했다.

"네가 오스카로구나. 오늘 나와 만나기로 한 오스카 맞지?"

오스카가 눈만 크게 뜨고 고개를 끄덕이자, 남자는 차에서 내리며 자기소개를 했다.

"내가 로이 아저씨란다."

오스카는 인사하는 것조차 잊고 차와 아저씨를 번갈아 쳐다보았다.

"와우! 이거 아저씨 차예요? 아저씨는 부자인가 봐요. 어떻게 부자가 되셨어요?"

"그런 질문부터 하는 걸 보니 너도 나중에 부자가 될 소질이 다분하구나."

로이가 웃으며 대답했다.

"네, 저도 부자가 되고 싶어요. 맨 먼저 뭘 해야 하죠?"

"맨 나중에 뭘 해야 하냐고 물어봐야 옳은 거란다."

"맨 나중이요?"

오스카가 놀라서 물었다.

"그래."

멘토는 따뜻하고 친근한 목소리로 말을 이었다.

"자신의 아이디어를 충실히 행동에 옮기면 누구든 성공할 수 있단다. 너도 알다시피 대부분의 사람들이 열심히 일을 하지. 그리고 그들은 간혹 훌륭한 아이디어를 떠올리고 흥분하곤 해. 하지만 그런 아이디어를 계속 이어나가 끝까지 실행에 옮기는 사람은 별로 없단다."

"저도 아이디어가 하나 떠올랐어요!"

오스카가 큰소리로 외쳤다.

"훌륭하구나! 그럼 그 아이디어를 실행하는 데 필요한 일은 무엇이든지 할 수 있을 거라는 생각이 드니?"

"그럼요. 전 아직 사업은 잘 모르지만, 꼭 성공해서 아저씨 차와 같이 멋진 차를 갖고 싶어요. 그게 방금 떠오른 아이디어예요!"

로이는 미소를 거두고 진지한 말투로 오스카에게 물었다.

"너는 왜 대부분의 사람들이 자신의 아이디어를 실천하기 위해 끝까지 노력하지 않는지 아니?"

오스카는 모르겠다는 듯이 어깨를 으쓱했다.

"두려움 때문이란다. 아주 간단하지. 대개는 두 가지 가운데 하나를 두려워하기 때문이야. 성공에 대한 두려움 또는 실패에 대한 두려움 말이다. 그런 두려움을 극복하는 내가 아는 유일한 방법은 의심을 떨쳐버리고 정면으로 부딪혀서 헤쳐나가는 거란다."

멘토는 조끼 주머니에서 카드 한 장을 꺼내 오스카에게 건네며 말했다.

"이걸 보렴, 오스카. 무엇인가에 대해 믿음을 가지면 넌 그것을 얻을 수 있단다. 할 수 있다는 믿음을 갖고 목표를 향해 한 걸음 한 걸음 꾸준히 나아가기만 하면 되거든."

오스카는 카드를 들여다보며 천천히 읽어보았다.

실행에 옮기는 순간 꿈은 이루어진다.
Dream are realities on which you haven't yet taken ACTION.

"아, 무슨 말인지 알겠어요!"

오스카의 목소리가 커졌다.

"먼저 무엇을 하고 싶은지 알아야 하고, 그보다 더 중요한 것은 원하는 것을 얻기 위해 실제로 움직여야 한다는 뜻이죠?"

"그래, 바로 그거다."

로이의 말투에는 칭찬이 담겨 있었다.

"제 친구 중에 마르코스라는 애가 있는데, 그 애가 정말 멋진 아이디어를 생각해 낸 적이 있어요. 야구 카드를 자전거 바퀴에 살짝 끼우는 건데, 그렇게 하면 달릴 때 멋진 소리가 나거든요. 얼마나 근사하던지 저도 50센트나 주고 그렇게 만들어 달라고 했어요. 그랬더니 마르코스는 학교 친구들의 자전거를 전부 그렇게 만들어 주면서 용돈을 벌어야겠다고 하더라고요. 그런데 그건 말뿐이었고, 마르코스는 실제로는 그러지 않았어요. 마르코스가 정말로 그렇게 했더라면 적어도 50달러는 벌었을 텐데 말이에요."

"그래, 그 친구는 정말 아이디어도 좋았고 계획까지 그럴 듯하게 세웠구나. 그런데 너도 느꼈다시피 가장 중요한 요소인 '실행'이

실행에 옮기는 순간
꿈은 이루어진다.

Dream are realities on which you haven't yet taken
ACTION.

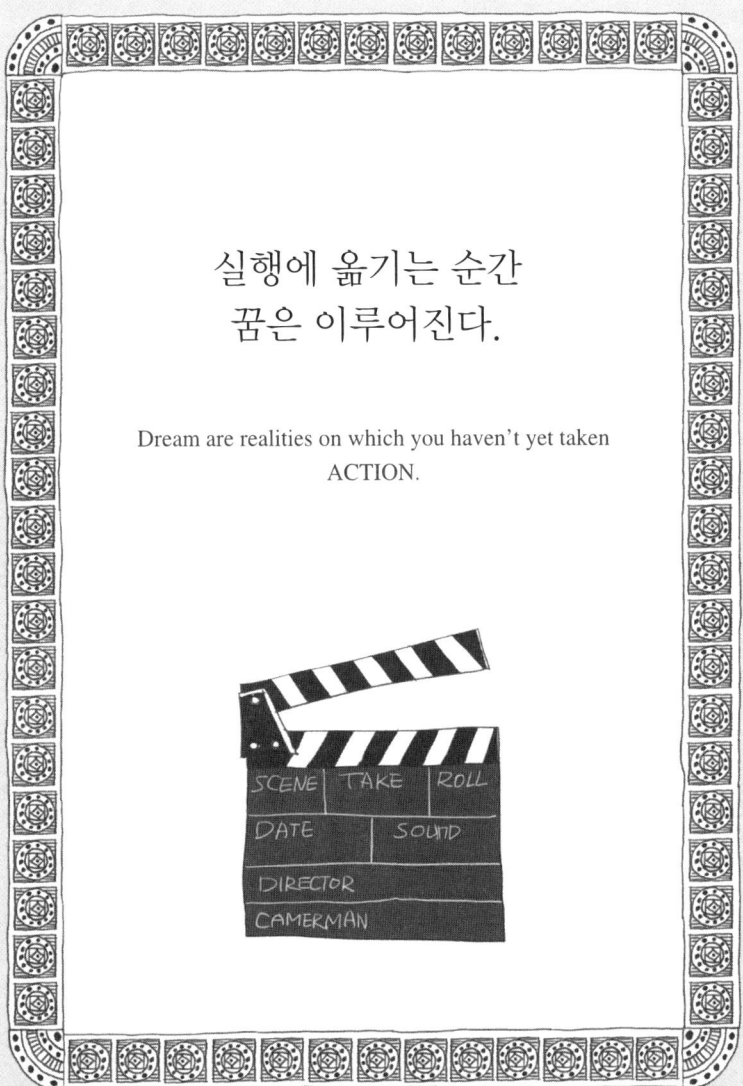

부족했던 거야. 성공과 실패는 바로 그 하나에서 달라진단다. 시도한다는 데 대한 두려움을 떨쳐버리고 끝까지 노력하느냐 하는 것에 따라 달라진다는 얘기지."

멘토는 잠깐 쉬었다가 차분히 설명을 이어나갔다.

"네 친구는 아마 처음엔 자기가 생각해 낸 아이디어에 신이 났을 거야. 하지만 한동안 자기 계획을 정리하다가 스스로 의심이 들기 시작한 거지. 야구 카드를 충분히 준비할 수 있을지, 다른 애들이 놀리지는 않을지, 카드가 자전거 바퀴에 오래 붙어 있지 못하고 떨어지면 어쩌나 하는 걱정 말이야. 그러다 보니 처음에는 아주 근사하다고 생각했던 아이디어가 쓸모없고 자신이 멍청하게 느껴졌던 거지."

오스카가 눈을 반짝이며 이야기를 경청하자, 로이는 좀 더 자세히 설명해 주어야겠다고 생각했다.

"사실 인간은 누구나 마음속에 '두려움'이 있단다. 그 두려움이란 놈은 어떤 일을 하더라도 여러 가지 이유를 대면서 '안 될 거야.'라고 말하지. '그건 너무 어려운 계획이야.' 아니면 '그건 분명히 효과가 없을걸.' 이런 식으로 말이야. 이렇게 자신 없는 목소리는 아예 무시해 버려야 하는데, 대부분의 사람들이 그만 그 꼬임에 넘어가 버린단다. 하지만 성공하는 사람들은 다르지. 성공하는 사람들은……."

멘토는 말을 멈추고 다시 주머니에서 또 다른 카드 한 장을 꺼내 오스카에게 건넸다.

절대 포기하지 마라!
포기하면 안 되는 경우가 두 가지 있는데,
'포기하고 싶을 때'와 '포기하고 싶지 않을 때'이다.
NEVER GIVE UP!
The only two times you need to keep pushing on are:
When you want to and when you don't!

"오스카, 이제 뭔가 결정해야 할 것 같은데……."
"네? 무슨 말씀이세요?"
오스카는 의아한 듯 물었다.
"계속 길에 서서 이야기할 건지, 아니면 여기 '얼음 궁전'에 들어가서 아이스크림을 먹으면서 이야기할 건지 정하도록 하자꾸나."
로이의 말을 듣자 오스카의 두 눈이 반짝였다. 둘은 가게 안으로 들어가 문 가까운 쪽에 앉았다.
"지금부터 멘토 프로그램이 어떻게 진행되는지 말해 주마."

절대 포기하지 마라!
포기하면 안 되는 경우가
두 가지 있는데,
'포기하고 싶을 때'와
'포기하고 싶지 않을 때'이다.

NEVER GIVE UP!
The only two times you need to keep pushing on are:
When you want to and when you don't!

로이가 멘토 프로그램에 대해 설명하기 시작했다.

"네가 꿈을 이루기 위해 열심히 노력하겠다고 약속하면, 우린 한 달에 한 번씩 여기에서 만나 어떻게 해야 그 꿈을 이룰 수 있는지 얘기를 나눌 거란다. 네가 무엇을 물어도 대답해 준다고 약속하마. 대신 넌 무얼 물어볼지 잘 생각해 봐야 한단다. 그러면 나는 네가 올바른 방향으로 나아가도록 최선을 다해 도와줄게."

"정말이세요?"

오스카가 반색을 하며 물었다.

"물론이지. 대신 조건이 있단다. 너도 나한테 무언가 하나 해 주겠다고 약속해야 한단다."

"제가 아저씨한테요?"

오스카는 자신이 해 줄 수 있는 게 있을까 의심스러웠다.

"뭐냐 하면 앞으로 내가 너한테 해 주는 말, 그러니까 살아가는 데 보탬이 되는 교훈 말이다. 네가 어른이 되면 그걸 다른 사람한테 전해 줘야 한다는 거다. 그게 다란다. 그렇게 할 수 있겠니?"

로이가 약속을 확인하듯 테이블 위로 손을 내밀어 악수를 청하자, 오스카는 활짝 웃었다.

"좋아요."

오스카는 수줍은 듯 로이의 시선을 피했다.

"아냐, 내 손을 꽉 잡고 나를 똑바로 쳐다보거라. 그리고 진심으로 확실하게 약속해라."

로이가 진지하게 말하자, 오스카는 로이의 눈을 바라보며 그의 손을 꽉 잡고 "좋아요."라고 힘차게 말했다.

"축하한다. 넌 벌써 내가 제일 먼저 가르쳐 주려고 했던 교훈을 배웠구나."

로이가 흡족한 목소리로 말했다.

"네? 벌써 배웠다고요?"

"그렇고말고. 좋은 비즈니스 관계는 서로의 계약 조건에 만족한다는 의미로 힘찬 악수에서 출발하는 법이지. 계약은 문서로 할 수도 있고, 구두로 할 수도 있는 거란다. 방금 우리가 한 것처럼 말이야."

오스카는 호주머니를 뒤져 무언가를 꺼내 로이에게 건넸다. 그것은 오스카가 지금껏 가장 아끼는 보물이었다.

"이게 뭐니?"

멘토가 물었다.

"배리 본즈의 루키 카드예요. 제 보물 1호죠. 자전거 바퀴에 끼우기에는 아까운 야구 카드예요."

"그런데 날 준단 말이지?"

로이의 얼굴에 미소가 번졌다.

"네, 전 아저씨한테서 벌써 카드를 두 장이나 받았잖아요. 한 장 더 드려야 공평한 건데……."

"고맙구나."

로이가 자리에서 일어나며 말을 이었다.

"기대한 것보다 훨씬 멋진 만남이 될 것 같은데? 넌 벌써 훌륭한 리더가 될 성품을 갖춘 것 같구나."

"제가요?"

"그래."

아이스크림 값을 치르고 2달러를 팁으로 준 뒤 로이는 다른 카드를 오스카에게 건넸다.

"이건 내가 가장 아끼는 카드란다. 내가 너만 했을 때 진정한 성공의 의미를 가르쳐 준 분이 주신 거란다. 그럼 다음 달에 보자꾸나."

로이가 문을 나서자, 오스카는 카드를 뒤집어 큰 소리로 읽었다.

가장 소중한 재산은 나누는 마음이다.

Our most valuable possession is the one that possesses us to share.

가장 소중한 재산은
나누는 마음이다.

Our most valuable possession is the one that
possesses us to share

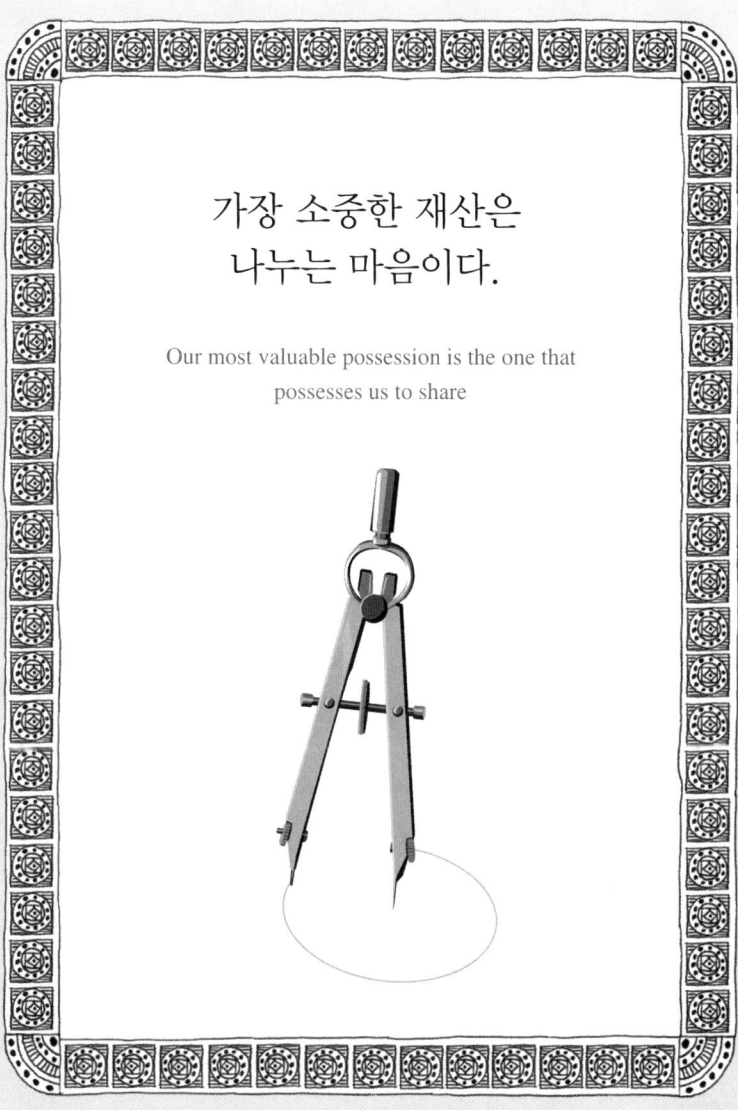

그 후 달이 가고 해가 흘렀다.

그동안 오스카와 로이는 매달 같은 날 그들만의 특별한 장소인 '얼음 궁전'의 똑같은 자리에서 만나 이야기를 나누었다. 오스카는 로이의 가르침을 받으며 비즈니스 감각을 키워나갔다.

그러던 어느 날 밤, 오스카는 누워서 생각을 정리하고 있었다. 그런데 갑자기 정신이 번쩍 들 정도로 멋진 아이디어가 떠올랐다.

"준비가 됐어. 이제 일을 해서 돈을 벌 때가 된 것 같아. 내일 아저씨를 만나면 얘기해 봐야지."

오스카는 속삭이듯 혼잣말을 했다.

다음 날 오스카는 로이와의 약속 장소에 낡고 찌그러진 10단 자전거를 끌고 나갔다. 자전거를 한쪽에 세우며 아이스크림 가게 쪽을 쳐다보니 로이가 이미 도착해 있었다.

급히 가게로 들어선 오스카는 "안녕하세요, 아저씨. 이제 일자리를 구해 돈을 벌어보고 싶어요."라고 말하며 의자에 털썩 앉았다.

"곧 여름방학이 시작되거든요. 근데 일자리를 구하려면 뭘 해야 하는지 모르겠어요. 열세 살밖에 안 된 저를 써줄 데가 있을까요?"

"내게 좋은 생각이 있단다. 우선 아이스크림부터 맛있게 먹은 뒤에 어디 좀 잠깐 가보자."

자신의 마음을 알아주는 듯한 로이의 말을 듣자, 기대에 부푼 오스카의 눈이 빛났다.

둘은 그동안 있었던 일들을 이야기한 후 아이스크림 가게를 나와 로이의 차를 탔다. 로이는 시내로 차를 몰아 몇 블록 떨어진 곳에 위치한 할인매장 앞에 차를 세웠다. 오스카는 로이를 따라 차에서 내린 다음 할인매장으로 들어섰다. 진열된 상품을 구경하던 중 로이가 자전거 매장 앞에서 멈춰 섰다.

"자, 여기서 네가 갖고 싶은 새 자전거를 골라보렴."

로이가 손을 내밀며 권했다.

"무슨 말씀인지 모르겠어요."

오스카가 머뭇거렸다.

"저는 아직 일을 시작한 것도 아니고 돈도 없어요. 그런데 어떻게……."

"지금은 거기까지 생각하지 말기로 하자. 그냥 충분히 살펴보고 네가 정말 갖고 싶은 자전거를 골라보렴."

로이가 재촉하자, 오스카는 자전거 매장으로 성큼성큼 들어섰다. 그러고는 이것저것 특징을 설명하는 점원의 도움을 받으며 매장에 있는 자전거마다 올라타고 페달을 굴려보았다.

"이걸로 할래요."

오스카는 자기가 고른 자전거 안장에 앉아 토크쇼의 진행자처럼 자신 있는 표정을 지으며 말했다.

"잘했다. 이제 그 자전거는 네 것이다."

로이가 말했다.

"네?"

오스카가 놀라 눈을 치켜뜨며 대답했다.

"말씀드렸잖아요. 저는 돈이 없다고요. 저도 이 자전거를 살 수 있으면 좋겠지만, 지금은 그럴 수가 없어요."

"그래? 그러면 그걸 다시 갖다 놓는 게 좋겠구나."

당혹스러워하는 오스카를 보며 로이가 계속 말을 이었다.

"내가 너에게 재미있는 에피소드를 하나 들려주마. 헨리 포드라는 사람에 대한 이야기인데, 음, 너도 알지? 포드 자동차 회사를 설립한 사람 말이야."

오스카가 고개를 끄덕였다.

"어느 날 포드 씨는 자동차에 좀 더 가벼운 엔진을 달아야겠다고 생각했어. 그래서 회사의 개발팀 직원들을 모아놓고 새로 출시하는 자동차에 장착할 가벼운 엔진을 고안하라고 지시했지. 그런데 그 프로젝트의 마감 시한이 다가올 때까지 개발팀은 계속 허둥대고만 있었단다. 몇 차례 시도를 해봤는데 번번이 실패했던 거지.

엔진을 가볍게 만들긴 만들었는데 제대로 작동을 하지 않았던 거야. 그래서 그들은 포드 씨에게 가서 그 상황을 보고했어. 그랬더니 포드 씨는 자동차 역사에 길이 남을 한 마디를 했지."

"뭐라고 하셨는데요?"

여전히 자전거에 올라탄 채로 오스카가 물었다.

"포드 씨는 직원들을 똑바로 쳐다보며 진지한 목소리로 이렇게 말했지. '여러분들이 할 수 있다고 생각하면 할 수 있고, 할 수 없다고 생각하면 할 수 없을 것이오.' 그러고는 다시 3개월이라는 시간을 주었지."

"그래서 어떻게 됐어요?"

오스카가 급하게 물었다.

"2개월 후에 개발팀은 블록 벽돌 한 장 크기만 한 엔진을 만들어 냈지. 그게 바로 V-8 엔진이란다."

"와!"

탄성을 내지르던 오스카는 확신에 찬 표정을 지었다.

"그러니까 그 아저씨들이 할 수 있었으니까 저도 할 수 있다고 생각하면 할 수 있다는 말씀이시죠? 좋아요. 저도 지금부터 이 자전거를 가질 수 있다고 생각할 거예요."

"바로 그게 정답이다."

로이가 환하게 웃었다.

"그럼 이제 어떻게 해야 하죠? 그러니까 첫 번째 단계로 무엇부터 해야 하는 거죠?"

오스카가 물었다.

"너는 이미 첫 번째 단계에 해당하는 일을 했단다. 첫 단계는 목표를 정하는 거니까. 너는 이미 네가 원하는 자전거를 목표로 정했잖아. 그런 다음에 꿈을 현실로 만드는 가장 좋은 방법은 목표에 이르는 수많은 단계를 아주 작은 여러 단계로 나눠서 하나하나 실천해 가는 거야. 자, 이거 받아라."

멘토는 뒷주머니에서 그 '유명한' 카드 한 장을 꺼내 오스카에게 건넸다.

> 목표에 도달하려면 가장 먼저 목표가 있어야 한다.
> Before you can even hope to reach a goal,
> you first need to HAVE one.

"그러니까 일단 목표가 있어야 한단다. 누구든지 목표가 있으면 그걸 성취하기 위한 방법을 찾게 되지. 목표가 없으면 뭔가를 해야 할 이유도 없는 거지."

목표에 도달하려면
가장 먼저 목표가 있어야 한다.

Before you can even hope to reach a goal,
you first need to HAVE one.

"그럼, 저는 이 자전거를 살 만큼 돈을 모으려면 뭘 해야 하죠?"

"좋은 질문이구나. 우선 네가 할 수 있는 일이 어떤 것들이 있을지 생각해 보렴."

"글쎄요. 이웃집 개 산책시키기, 잔디 깎기, 창문 닦기, 차고 청소하기, 잡초 뽑기, 아기 돌보기……."

오스카가 손을 꼽아가며 열거하자, 멘토의 얼굴에 미소가 번졌다. 전에 없이 환한 미소였다.

"이제 감이 잡히지, 안 그래?"

"그런 것 같아요."

오스카가 대답했다.

"정말 자전거를 사겠다고 생각하니까 여러 가지 방법이 떠올라요. 필요한 것은 목표였고, 목표를 세우고 나니까 방법이 하나씩 떠올라요."

"좋았어! 오스카, 지난번 시험에서 A를 받았다며? 그걸 칭찬하는 의미에서 네게 10달러를 주마."

로이가 주머니에 손을 넣으며 말했다.

"이 돈으로 햄버거든 음료수든 네가 원하는 걸 사거라. 아니면 뭐, 지금 네가 올라탄 그 자전거의 계약금으로 쓸 수도 있겠지. 그렇게 계약을 해놓고 나머지 금액을 모으기 위해 일을 하면 되니까 말이야. 내가 방법까지 알려줄 건데, 어때?"

로이의 제안을 들은 오스카는 곧바로 돈을 받아들고 계산대로 다가갔다. 그리고 계산대에 돈을 올려놓고 신난 목소리로 자신이 고른 자전거를 가리키며 말했다.

"저걸 계약하고 싶은데요."

로이와 함께 가게를 나서는 오스카의 얼굴은 들뜬 기분에 환해졌다.

"자, 이제 이렇게 해보렴."

로이가 좀 전에 이야기한 방법을 가르쳐 주기 시작했다.

"먼저 자전거를 살 돈을 벌기 위해 네가 할 수 있는 일들을 다른 사람들에게 알려야 한단다. 그러니까 그런 내용을 담은 광고 전단을 만들자꾸나. 네가 견본을 한 장 만들어오면 내가 컴퓨터로 다듬어서 멋지게 뽑아줄게. 그걸 이웃에 돌릴 수 있도록 수십 장씩 복사도 해 주마. 사람들이 어떤 반응을 보일지 기다려보자꾸나."

오스카가 만든 전단은 그다지 세련되지는 않았지만 독특했다. 로이는 전단을 자신의 비서인 팸에게 건네주며 컴퓨터로 다듬어 달라고 부탁했다.

"손대지 않는 게 낫겠어요."

팸이 로이에게 말했다.

목표

자전거를 사기 위해 일을 하려고 합니다.

- 잔디 깎기, 잡초 뽑기, 허드렛일, 심부름, 개 산책이나 목욕시키기 등을 시간당 5달러에 해드립니다.
- 000-0000으로 전화하셔서 오스카를 찾으세요!

(엄마한테 허락받았습니다.)

"그냥 그대로 쓰는 게 좋겠어요. 이대로도 아주 훌륭할 뿐 아니라 필요한 말들은 모두 들어 있는걸요. 이걸 보니 저도 우리 집 마당에 떨어진 나뭇잎 치우는 일을 이 아이에게 맡기고 싶어지네요. 이 아이가 뭔가를 얻기 위해 일을 하고자 한다면 저도 돕고 싶어요. 전단 붙이는 일을 제가 좀 도와야겠어요."

팸의 말을 들은 로이는 '하늘은 스스로 돕는 자를 돕는다.'라는 격언을 떠올렸다. 그리고 덕분에 여러 해 동안 잊고 지냈던 카드 한 장을 다시 뒤져보게 되었다.

"얘, 오스카, 무척 더워 보이는구나."
이웃집 토랜스 아줌마가 얼음물 주전자와 컵을 들고 다가왔다.
"좀 쉬지 그러니?"
오스카는 잔디 깎는 기계를 멈춰 세우고 이마의 땀을 닦았다.
"고맙습니다. 토랜스 아줌마."
오스카는 물 컵을 받아들고는 단숨에 다 마셔버렸다.
"그런데 오래 쉴 순 없어요. 오늘 잔디를 깎아야 할 정원이 아직 두 군데나 남았고, 그 뒤엔 밀리 아지씨네 다락방 치우는 길 도와드려야 하거든요."
"어머, 제법 꼬마 사업가답구나."
토랜스 아줌마가 칭찬했다.
"시간 나면 뒤뜰도 깎아 달라고 맡기고 싶구나."
"와! 정말이요? 그런데 밤에 잔디를 깎으면 법에 걸리나요?"
오스카가 진지한 말투로 물었다.

"내 생각에 밤엔 잔디가 잘 안 보일 것 같구나."

토랜스 아줌마는 미소를 지으며 대답했다.

"뒤뜰은 아직 급하지 않으니까 상황을 봐서 하려무나. 자, 그럼 마저 일하고, 일을 다 마쳤을 때 내가 안 보이면 주전자랑 컵은 현관에 놔두면 된단다."

"고맙습니다. 나중에 연락드릴게요."

오스카는 어깨를 펴고 다시 일을 시작했다. 오스카는 어른이 자신을 '사업가'라고 불러준 게 생각할수록 흐뭇했다. 자신감을 얻은 오스카는 더 나은 방식을 찾아야겠다고 생각했다. 토랜스 아줌마네 잔디를 다 깎을 무렵, 오스카는 새로운 계획을 떠올렸다.

집에 돌아온 오스카는 식사를 하기 시작했다.

"오스카, 천천히 먹어라. 체하겠다."

오스카가 닭고기 찜과 샐러드를 허겁지겁 삼키자, 엄마가 옆에서 걱정스러운 듯 말했다.

"빨리 먹고 나가서 해야 할 일이 있어요. 오늘 잔디를 깎다가 정말 기막힌 생각이 떠올랐거든요. 어두워지기 전에 빨리 처리해야 한단 말이에요."

2주 후, '얼음 궁전'에서 오스카를 기다리던 로이는 창밖을 바라보다가 깜짝 놀라 커피를 쏟을 뻔했다. 오스카가 번쩍번쩍 빛나는 새 자전거를 타고 달려오고 있었다.

"하하하!"

더 이상 부러울 게 없다는 듯이 신나게 페달을 굴리는 오스카를 보며 로이는 너털웃음을 터뜨렸다. 오스카는 주차장에 돌진하듯 들어서서는 요란스럽게 브레이크를 잡고 안장에서 뛰어내리더니 자물쇠를 채웠다.

"아저씨, 제가 해냈어요!"

아이스크림 가게 문을 밀어젖히며 들어오던 오스카가 외쳤다.

"장하다! 예정보다 두 달이나 빨리 해냈구나."

로이가 밝고 따뜻한 목소리로 말했다.

"아저씨께서 말씀하신 그대로였어요. 목표를 중심으로 계획을 세우고 진행하니까 모든 게 순조롭게 풀렸어요. 우리 동네에서 일이 얼마나 쏟아지는지……. 그래서 제가 멋신 아이디어를 하나 생각해 냈어요."

오스카가 숨을 몰아쉬고 계속해서 말했다.

"잔디 깎기, 차고 청소 등등 점점 일이 늘어나는 거예요. 제가 이웃집 마당에서 일하는 걸 보고 자기네 집 마당도 청소해 달라는 아저씨도 있었어요. 근데 몸이 하나밖에 없으니 일을 다 맡고 싶은데 그럴 수가 없잖아요?"

"그런 게 바로 '배부른 고민'이라는 거다."

로이가 껄껄거리며 한 마디 거들었다.

"들어오는 일을 포기하자니 너무 아깝더라고요. 그래서 곰곰이 생각하다가 일을 더 많이 맡을 수 있는 아이디어를 떠올린 거예요."

"그래? 그거 한번 들어보자꾸나."

"사실 그동안 다른 애들이 내가 일을 해서 자전거 살 돈을 모으는 것을 보고 모두 부러워했거든요. 걔들은 크리스마스 때나 되어야 그 정도 용돈을 받을 수 있잖아요. 뭐, 그것도 운 좋은 애들이나 그렇고 몇 푼 못 받는 애들도 많아요. 그래서 제가 아이디어를 생각해 냈어요. 잔디 한 번 깎는 데 8달러 정도 받으니까, 다른 애들을 고용해서 일을 시키고 4달러씩 주면 되겠다고 말예요."

"저런!"

사업가는 웃으며 말했다.

"계속해 보렴."

"그러니까 제가 일을 얻은 것은 전단을 만들어 돌린다는 아이디어가 있었기 때문이잖아요. 사실 그 아이디어는 아저씨가 가르쳐주신 거잖아요. 하지만 아이들은 거기까지는 모르죠."

오스카는 신난다는 듯 이야기했다.

"그래서 제가 아이들한테 그랬죠. 필요한 것은 내가 다 준비하고 내가 직접 움직여서 일을 얻어줄 테니 너희들은 잔디를 깎아 주면 된다고 말이에요. 그랬더니 애들도 아주 좋아하고, 또 일을 맡기는 분들도 만족해하더라고요. 그때부터 모두들 저를 '꼬마 사장'이라고 부르기 시작했어요. 그렇게 했더니 필요한 돈을 예상했던 것보다 빨리 모을 수 있었던 거예요. 제가 직접 하는 일은 줄이면서 말예요."

"잘했다. 그게 바로 '영리하게' 일하는 거란다. 너는 지금 네가 하는 일을 다른 사람들과 '공유'함으로써 마치 지레를 이용하는 것과 같은 큰 힘을 얻고 있는 거란다. 그러니까 생각나는 게 있구나. 며칠 전 서류가방에서 찾은 건데……. 자, 이거 받으려무나."

멘토는 모서리가 닳은 카드 한 장을 오스카에게 내밀었다.

"네 얘기를 들으니 이 교훈이 떠오르는구나."

소년은 카드를 받고는 자신의 경험이 그대로 요약되어 있다는 생각에 탄성을 내질렀다.

일을 공유해 타인의 힘을 지레처럼 이용할 때
성공할 확률은 높아진다.

Our success is most assured when we duplicate our efforts by

leveraging with others.

일을 공유해 타인의 힘을
지레처럼 이용할 때
성공할 확률은 높아진다.

Our success is most assured when we duplicate our
efforts by leveraging with others.

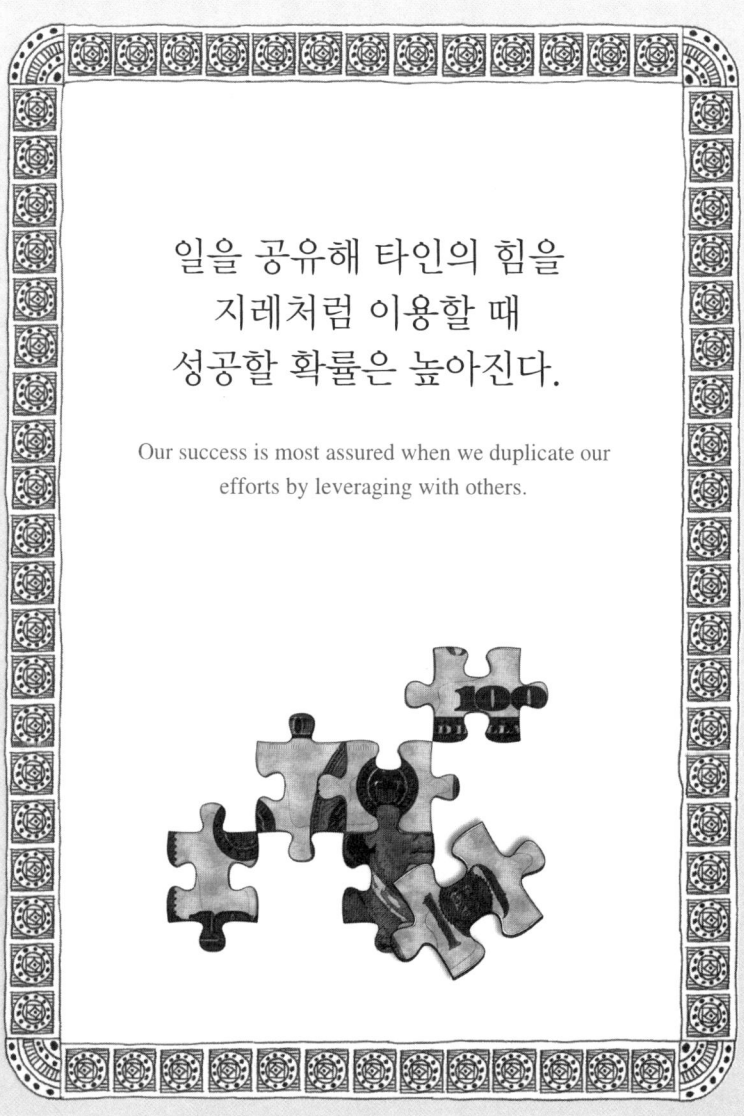

"다른 사람들이 목표를 이룰 수 있도록 도움으로써
자신의 성공을 실현하라."

세일즈맨이 된 오스카

세월은 쏜살같이 지나갔다. 오스카가 보다 성숙해짐에 따라 로이는 멘토뿐 아니라 이상적인 아버지상이 되어 도움을 주었다. 오스카가 성장한 만큼 로이도 나이가 들었다. 로이는 오스카에게 자신이 살면서 배운 모든 것을 가르쳐 주기로 결심했다. 자신이 열정과 활력을 유지할 수 있는 건 오스카와 맺은 친밀한 관계 덕분이라는 생각도 들었다.

"안녕하세요, 아저씨?"

오스카가 로이에게 인사했다. 그의 목소리는 이제 굵고 당당했다.

"안녕, 오스카. 그래, 거래는 성사되었니?"

"사장과 의논해 보고 다음 주에 다시 찾아오겠다고 하더군요."

이제 청년이 된 오스카가 설명하기 시작했다.

"그렇다면, 거절당한 셈이군. 안 그래?"

로이가 오스카의 말을 자르며 불쑥 끼어들었다.

오스카는 현재 첫 직장에서 세일즈맨으로 일하고 있다. 세일즈맨은 그가 오래전부터 해보고 싶던 일이었다. 오스카는 사람들에게 물건을 판매하는 일이 그리 어렵지 않을 것이라고 생각했다. 사람들이 자기를 좋아하는 것 같았기 때문이다. 아직 뭘 잘 모르는 단계였다.

"사실, 판매는 이미 이루어졌다고 봐야 한다."

오스카가 아무런 대꾸도 하지 않자, 멘토가 다시 입을 열었다.

"판매 분야에 오래전부터 잘 알려진 격언이 하나 있단다. '판매는 어떤 경우에든 이루어진다. 자기가 팔지 못하면 상대방이 파는 것이기 때문이다.' 이번 경우에는 상대방이 너에게 뭔가를 판매한 셈이다. 네 상황이 아니라 상대방의 상황이 더 우세했던 거지."

순간 오스카의 얼굴에 실망이 번졌다. 그리고 잠시 다른 곳을 응시하다가 아랫입술을 깨물고 멘토에게 몸을 기울이면서 눈을 똑바로 응시했다.

"가르쳐 주세요."

멘토가 웃음을 지었다. 그는 지금 이 순간 오스카가 느끼는 감정이 무엇인지 잘 알고 있었다. 바로 그런 느낌을 체험하고 변화를 추구해야 삶의 질이 달라지는 것이었다.

로이는 지갑을 뒤져 아껴두었던 카드를 꺼냈다. 그는 그 카드를 오스카에게 주면서 진지한 목소리로 말했다.

"지금까지 너에게 가르쳐 준 모든 것은 일단 이 여정을 시작하면 특별한 게 아니었음을 알게 될 거다. 너에게 닥친 도전을 받아들이기로 결정했다면 내가 한 단계씩 헤쳐 나가는 방법을 가르쳐 주마. 하지만 다시 한 번 말하지만, 지금부터 배우는 것도 나중에 때가 되면 다른 사람에게 가르쳐 줘야 한다고 약속해야 한다. 준비됐니?"

"네, 준비됐습니다."

오스카의 목소리에 열성이 배어 있었다.

오스카는 카드를 내려다보며 큰 소리로 읽었다.

생각만 하는 것과 실제로 실행하는 것은
결과에서 차이가 나타난다.
The difference between just TRYING to do something and
actually DOING it is found in the OUTCOME.

생각만 하는 것과
실제로 실행하는 것은
결과에서 차이가 나타난다.

The difference between just TRYING to do something
and actually DOING it is found in the OUTCOME.

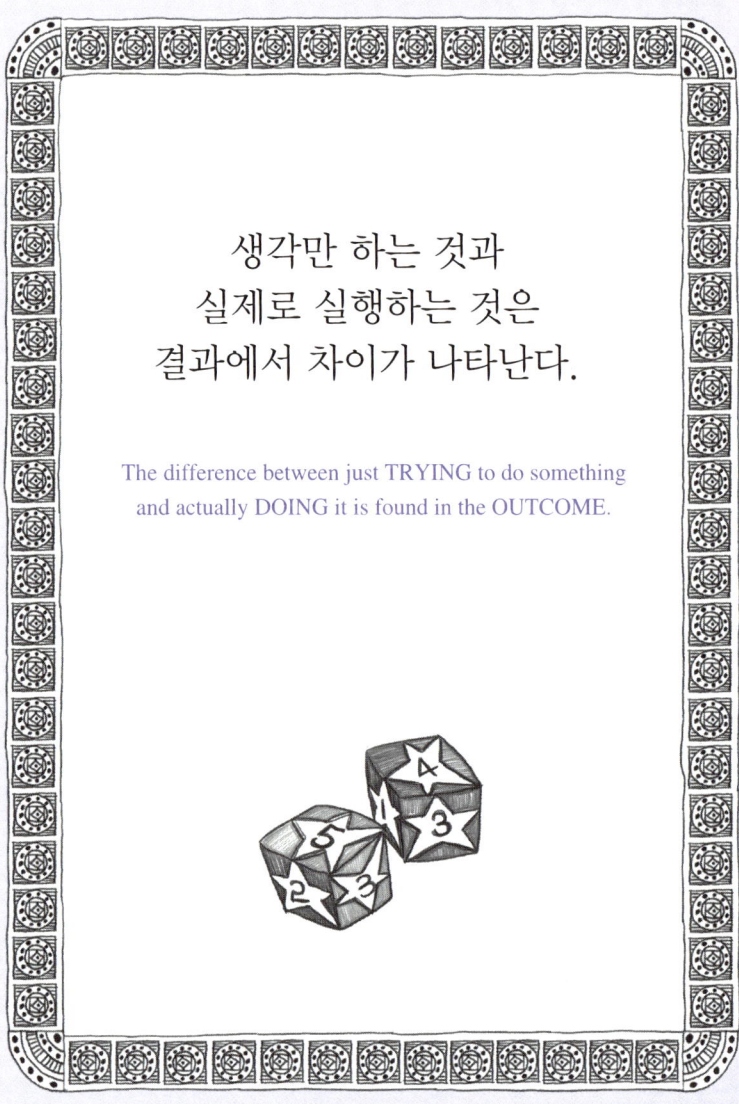

청년은 고개를 들고 마치 위해한 철학자 흉내라도 내는 듯 자신의 턱을 매만졌다.

"제 코치가 한번은 이런 이야기를 했습니다. '승자는 얼마나 힘들게 노력했는지에 대해 언급하지 않고 다만 승리의 기쁨만을 이야기한다.' 그러니까 '노력했지만…….'이라는 말로 얘기를 꺼내면 사실상 '실패했다.'라고 하는 것과 다름없다는 얘기로군요. 왜냐하면 시도는 실행이 아니니까요."

"바로 그거다!"

로이가 거들어 주었다.

"내가 아예 그 원칙이 확실하게 몸에 배도록 아주 쉬운 예를 하나 보여 주지."

로이는 그의 신사복 코트 주머니에서 메르세데스 차 열쇠를 꺼냈다. 그러고는 오스카에게 말했다.

"이제 이 열쇠를 가져가 봐라."

오스카는 손을 뻗어 로이의 손에서 열쇠를 낚아챘다. 그러자 로이가 소리치듯 말했다.

"그래, 그게 바로 '실행'이다. 넌 이번에 단지 '시도'한 게 아니었어. 오스카, 사실 뭔가를 확실히 하거나 아예 하지 않는 것. 그 두 가지만 있는 거란다. '시도' 같은 건 아예 없다고 생각해야 한단다."

"정말이지 아저씨 말이 옳은 것 같아요. 그런데 사람들은 항상 '시도'에만 연연해하지요."

"그래, 그걸 깨달았듯이 지금부터 내가 말하는 것도 잘 듣고 이해하기 바란다. 세일즈는 강력한 단어다. '세일즈'란 말을 들으면 어떤 사람들은 겁을 먹고 또 어떤 사람들은 열정을 품는다. 세일즈나 세일즈맨을 싫어하는 사람에게 내가 유일하게 해 줄 수 있는 말은 이거란다. '누구든 두려워하는 것은 싫어지고, 싫어하는 것은 두려워지기 마련이다.' 세일즈를 싫어하는 사람은 상대방의 상황이 우세해 오히려 상대방이 파는 꼴이 되면 어쩌나 하고 두려워하고, 절대로 세일즈맨은 될 수 없다고 생각하는 사람들은 거절당할까 봐 두려워하지."

오스카는 로이의 말을 들으면서 점점 자신감이 생기는 것을 느낄 수 있었다.

"이 일을 하고 싶어 하든 아니든 세일즈의 본질을 이해하는 것은 매우 중요하다. 세일즈맨이 아니더라도 보다 현명한 소비자는 될 수 있기 때문이지. 세일즈를 이해하고 세일즈의 힘을 이용할 수 있는 사람은 세일즈맨이 세상에서 가장 많은 돈을 벌 수 있는 직업이라는 것을 알고 있다. 물론 겉으로 보기에는 쉬운 일을 하며 큰돈을 만지는 운동선수나 영화배우들도 있단다. 하지만 여기서 명심해야 할 것은 그들 또한 자신이 갖고 있는 '기술'을 구단주나 영화 제작자에게 '판매'해야 한다는 사실이다. 실상 우리가 어떤 일에 종사하든 '세일즈' 없이 일한다는 것은 불가능하다는 얘기다. 예를 들어보자. 새 자전거를 샀을 때 기억하지?"

"물론 기억하죠."

오스카가 대답했다.

"네가 구입한 자전거도 누군가가 그 상점에 팔았으니까 거기에 있었던 거다. 또 그전에 누군가는 자전거 제조업자에게 부품을 팔아야 했겠지. 또 그전에 어느 누군가는 부품 제조업자에게 부품 만드는 기계를 팔아야 했을 것이고. 이런 식으로 고리가 이어진다는 얘기다. 무슨 말인지 알겠지? 세일즈는 말 그대로 자기가 한 일에 대해서만 보답을 받는, 정확히 뿌린 만큼 거두는 직업이다. 멋진 일이지."

"어째서 그렇죠?"

오스카가 다소 혼란스러운 표정을 지었다.

"단지 시도한 세일즈가 아닌 성사시킨 세일즈에 대해서만 보상이나 돈을 받기 때문이지. 시도를 해서가 아니라 성과를 만들어내서 노력에 대한 대가를 받는 거라는 얘기다. 이처럼 명백하고 간단한 일이 또 어디 있겠니?"

"그럼 세일즈를 배우고자 하는 것은 좋은 일이겠네요?"

"훌륭한 일이지."

로이가 확신하듯 대답했다.

"하지만 단지 세일즈에서 그치는 게 아니라 클로징, 즉 '판매완결'까지 배워야 바람직하다고 할 수 있지. '세일즈'는 '기회'와 동의어란다. 프레젠테이션을 할 때마다 수입을 늘릴 수 있는 기회를 얻는 셈이지. 판매를 완결함으로써 돈을 벌 수 있는 기회 말이다. 판매 기회를 판매완결로 연결시키면 거절이나 두려움을 극복하는 승리의 흥분을 맛볼 수 있단다."

로이는 잠시 멈칫하더니 손가락으로 한쪽을 가리키면서 말을 이었다.

"저쪽을 좀 보렴."

오스카가 고개를 돌리자, 로이가 마술을 부리듯 오스카의 귀 뒤에서 카드를 살며시 꺼냈다.

"판매완결은 마술과 같은 거란다."

로이가 속삭이듯 말하자, 오스카가 로이를 바라보며 한 마디 했다.

"아직도 절 어린애라고 생각하시는군요."

오스카의 말에 로이가 껄껄 웃었다.

"미안하다. 어서 읽어보렴."
오스카가 예전처럼 큰 소리로 읽었다.

'세일즈'에서 끝나서는 안 된다. 항상 '클로징'을 염두에 두어라.
It's as easy as A.B.C. - Always Be Closing.

"잘 이해가 안 돼요."
오스카가 말했다.
"세일즈와 클로징, 그러니까 판매와 판매완결은 결국 같은 의미 아닌가요?"
"세일즈만 하는 사람과 클로징을 하는 사람의 차이는 월급봉투에서 드러난단다. TV 홈쇼핑이나 쇼핑몰에서 상품의 가치와 화려함을 보여 주려고 애쓰는 사람들을 본 적 있지? 그들은 프레젠테이션을 충분히 연습한 다음에 갖가지 조명과 장치를 동원해서 상품을 구입해야 할 이유를 강조하면서 물건을 판매하지.
또 시장이나 행사장에서 가판을 설치하고 감자 깎는 칼이나 채를 써는 도구 같은 걸 파는 사람도 본 적이 있을 거야. 그들은 지나가는 사람들에게 이렇게 외치지. '자, 빨리 오세요. 새롭고 멋진 아이디어 제품입니다. 얼마나 편리한지 직접 한번 사용해 보시기 바

'세일즈'에서 끝나서는 안 된다.
항상 '클로징'을 염두에 두어라.

It's as easy as A.B.C. - Always Be Closing.

랍니다.' 나름대로 괜찮은 판매 방법이지. 적절하게만 사용하면 물건을 제법 많이 팔 수도 있고 말이야. 하지만 이런 방법은 가장 효과적인 세일즈의 접근 방식이라고 볼 수 없단다. 세일즈 업계에서 성공하는 세일즈맨은 판매를 하는 게 아니라 판매완결을 하는 사람이라는 것을 알아야 한단다."

"훌륭한 세일즈맨은 단지 제안하는 데서 그치지 않고 '지금 당장' 구매하도록 동기를 부여해 준다는 뜻이다. 아이스크림 마저 먹고 자리를 옮기자꾸나. 가서 직접 보는 게 나을 것 같다."

오스카는 기꺼이 동의했다. 로이의 멋진 차에 동승하는 것은 언제든 환영할 만한 일이었다. 로이는 휴대전화로 통화를 한 다음, 오스카와 함께 고급 승용차 대리점을 찾아갔다.

"이 대리점의 주인이 내 친구란다. 우리에게 직접 판매 현장을 구경해도 된다고 했단다. 수위를 둘러보나가 세일즈맨들이 어떤 식으로 판매하는지 살펴보자꾸나."

"멋진데요!"

오스카가 소리쳤다.

잠시 후 오스카와 로이는 주저하는 눈빛으로 매장에 들어서는 사람을 보았다. 고객을 발견하자 세일즈맨 한 명이 그에게로 다가갔다.

"안녕하세요? 저는 데이비드라고 합니다. 성함이 어떻게 되시는지요?"

세일즈맨이 악수로 고객을 맞이했다.

"브라이언이라고 해요."

고객은 약간 망설이듯이 대답했다.

"차를 바꿔볼까 하는데……."

"좋습니다. 어떤 색상을 원하십니까? 특별히 생각하시는 옵션이 있습니까? 오토매틱이 좋으세요, 아니면 스틱이 좋으세요? 컨버터블로 할까요, 하드톱으로 할까요?"

"글쎄요, 저는 아직 잘 모르겠거든요. 잠시 둘러보고 생각해 볼게요."

몇 분 후 데이비드는 손님이 결정을 했는지 확인하기 위해 다가갔다.

"생각을 정리하셨나요?"

데이비드가 물었다.

"흠, 차종이 너무 많아서 고르기가 힘드네요. 집에 가서 아내와 의논해 봐야겠어요. 대충 결정되면 아내와 같이 다시 올게요."

"여기 제 명함입니다."

데이비드는 친절하게 명함을 내밀었다.

"오시면 저를 찾아 주세요. 오전 9시에서 오후 5시까지 일합니다. 좋은 인연이 되길 기대하겠습니다."

두 사람은 서로 악수를 나눈 뒤 헤어졌다.

로이는 오스카에게 방금 목격한 장면에 대해 물었다.

"좋은 판매 기술이었다고 생각하니?"

"그렇지 않은가요?"

오스카가 머뭇거리면서 말했다.

"물론 아니지."

로이가 소리쳤다.

"그럼 클로징을 아는 친구를 찾아보자."

로이와 오스카는 전시되어 있는 빨간 컨버터블을 유심히 쳐다보고 있는 잘 차려입은 남자를 발견했다.

"탁월한 선택이십니다. 정말 이 차와 잘 어울리시는군요."

세일즈맨이 다가서며 말했다.

"저는 조지라고 합니다. 성함이 어떻게 되시는지요?"

그러면서 세일즈맨은 자신 있게 고객에게 악수를 청했다.

"랄프라고 합니다."

남자가 대답했다.

"멋진 차이긴 한데 파란색이 좀 더 실용적이지 않나요?"

"네, 대개 그렇게들 말씀하시죠. 근데 아까 차를 쳐다보는 모습을 보니까 손님께서 원하시는 색상은 빨간색인 것 같던데요. 실례지만 지금 나이가 어떻게 되시죠? 서른 정도?"

랄프가 고개를 끄떡였다.

"그럴 줄 알았습니다. 그렇다면 빨간색 차를 몰아야 합니다. 빨간색 차만큼 시선을 끄는 것도 없죠. 이 차를 몰고 거리에 나설 때 집중되는 시선을 한번 생각해 보세요. 아마 동네에서 선망의 대상이 될 겁니다."

"근데, 이 차는 수동이네요."

랄프는 약간 혼란스러운 듯 말을 이었다.

"오토매틱이 더 나은 것 같은데, 운전하기에 훨씬 더 편하고……."

"물론 그건 사실이지만……."

조지가 조심스럽게 말했다.

"오토매틱으로 나와 있는 차도 있습니다만, 손님께서 정말 원하시는 빨간색 차가 아니거든요. 더군다나 수동 기어 차가 운전하는 재미가 훨씬 크다는 것도 잘 아시지 않습니까?"

"그건 그래요."

랄프가 동의했다.

"그렇지만 아내가 컨버터블보다는 하드톱을 원하는데……."

"차를 주로 운전하는 분이 누구세요? 대부분의 시간을 손님께서 운전하시지 않나요?"

조지는 랄프의 거부감을 요령 있게 극복해 나갔다.

"네, 그래요."

랄프가 대답했다.

"그럼 된 겁니다."

조지는 판매완결을 향해 나아가고 있었다.

"손님께선 컨버터블로 해야 좋을 것 같습니다. 그렇게 하시면 손님께서 처음부터 원하던 그대로 가는 겁니다. 세련된 빨간색 수동 컨버터블! 정말이지 저라도 이 차를 선택할 겁니다. 지금 사무실로 들어가시죠. 이런 차는 나오자마자 바로 팔리니까요. 오늘 놓치시면 몇 달은 기다려야 할 겁니다. 이 차는 정말 손님께 잘 어울립니다. 사실 아무나 탈 수 있는 차가 아니거든요. 이리로 오시죠. 간단한 서류 작성만 하시면 됩니다. 분명히 후회하지 않으실 겁니다."

로이는 사무실로 향하는 랄프와 조지를 바라보다가 오스카에게로 눈길을 돌렸다.

"오스카, 봤지? 성공적인 세일즈의 첫 번째 규칙은 세일즈에서 끝나는 게 아니라 클로징까지 가야 하는 거란다. 그리고 절대로 고객에게 너무 많은 선택의 여지를 제공해서 혼란스럽게 만들어선 안 된다. 알겠지?"

로이가 숨을 고른 뒤 말을 이었다.

"자, 다시 한 번 강조하지만 이런 접근 방식은 아주 강력한 효과를 발휘한단다. 단 고객이 거부감을 극복하고 정말로 원하는 것을 얻도록 돕는 데 이용해야 한다. 이 수단을 오용해 원하지 않는 것을 사도록 부추기면 절대로 안 된다. 그러면 다시는 너한테서 어떤 것도 사려고 하지 않을 테니까 말이다. 고객 자신에게 진정으로 이득이 되는 결정을 내릴 수 있도록 도와야 한다는 얘기다. 방금 목격한 장면의 경우 고객은 처음부터 자기가 사고 싶은 차를 간절하게 쳐다보고 있었잖아. 그게 바로 그가 그것을 원한다는 일종의 신호였지. 그렇게 원하는 것이 있다 해도, 대개는 이런저런 거부 요인을 생각해 보는 게 고객의 심리지. 그런 식의 혼란을 적절히 해결해 주는 게 바로 세일즈맨의 역할이란다."

"이제 알겠어요."

오스카가 밝게 말했다.

"고객의 구매 과정을 제가 이끌 필요가 있다는 얘기로군요. 아까 조지라는 세일즈맨은 랄프라는 고객이 거부감을 극복하도록 도와줌으로써 구매 과정을 이끌었고, 그 결과 랄프는 확실히 결정할 수 있었다, 이거죠?"

로이가 흡족한 미소를 지으며 고개를 끄덕였다.

"로이 아저씨, 한 가지 질문이 더 있어요. 근데 사람들은 도대체 '왜' 뭔가를 구매하는 거죠? 그러니까 사람들의 구매를 자극하는 동기가 무엇이냐, 이런 질문이에요."

"아주 좋은 질문이다."

로이가 대답했다.

"사람들이 뭔가를 구매하는 이유, 그뿐만 아니라 사람들이 어쨌든 뭔가를 하는 이유는······."

로이가 오스카에게 또 다른 카드를 건네주었다.

> 잃는 것에 대한 두려움은 얻는 것에 대한 기대감을 앞선다.
> The fear of loss outweighs the benefit of gain.

"'서두르세요. 이제 몇 개 안 남았어요.' 혹은 '이 가격에는 두 개밖에 안 남았습니다.'라든가 '세일 기간이 곧 끝납니다.'라는 말들 들어봤지?"

로이가 물었다.

잃는 것에 대한 두려움은
얻는 것에 대한
기대감을 앞선다.

The fear of loss outweighs the benefit of gain.

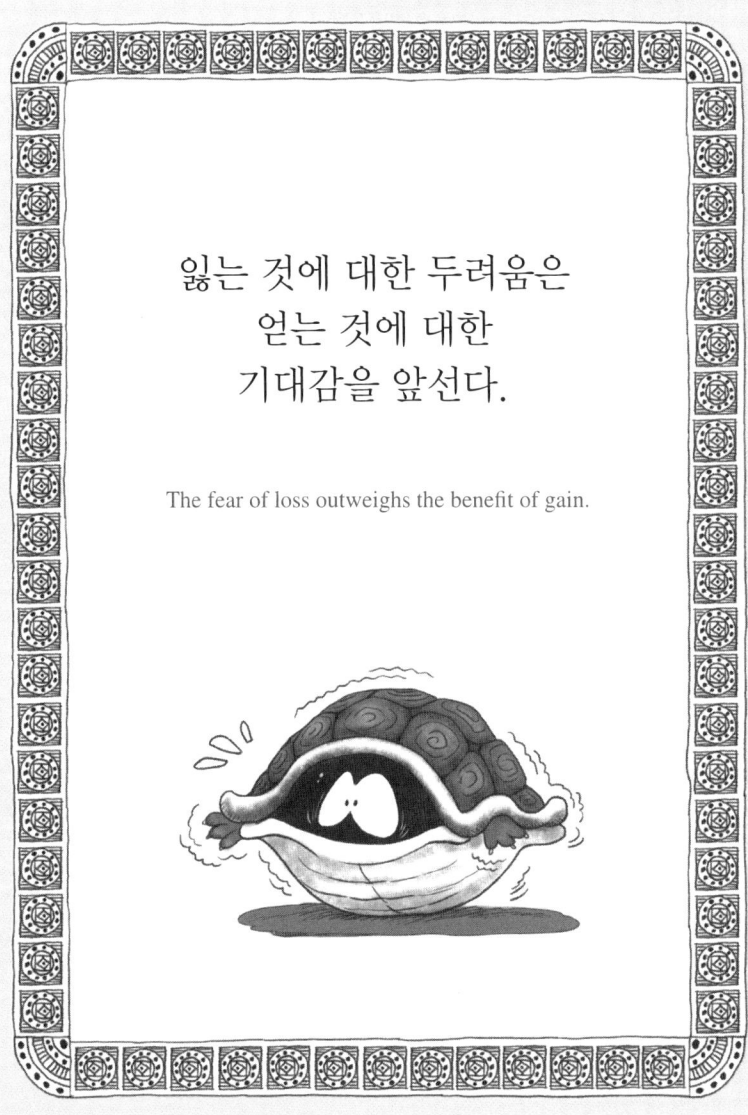

"네, 늘 듣는 말이죠."

오스카가 대답했다.

"우리는 그런 것들을 '유인 문구'라고 부르지. 즉각적인 행동을 취하도록 자극하고 유인하는 선전 문구라는 얘기다. 이 모든 문구들이 두려움을 이용하고 있다는 사실에 주목해야 한다. 예를 들어 '두 개밖에 안 남았다.'라는 말은 '다른 걸 포기하더라도 당장 사야지. 그렇지 않으면 영원히 살 수 없다.'는 의미를 내포하는 거지. 생각해 보면 아주 간단한 이치란다."

로이가 계속 설명했다.

"'서두르지 않으면 기회를 놓칩니다.', '중간 사이즈는 금방 빠집니다. 나중에 오면 맞는 걸 찾을 수 없습니다.', '주말까지만 할인 가격에 판매합니다.' 등과 같은 선전 문구는 '아무 때나 오시면 됩니다.', '저희 매장은 찾기 쉽고 다양한 종류를 갖추고 있습니다.' 등과 같은 말보다 훨씬 더 감정적인 영향력을 발휘하지. 차이점을 느낄 수 있겠니? 위급함을 강조해야 한다는 얘기다."

"아, 정말 그렇군요."

오스카가 대답했다.

"그런데 그런 식의 손실에 대한 두려움이 일상생활 전반에 영향을 미친다는 말씀이에요?"

"우리 사회의 모든 것이 바로 그 원리를 토대로 이루어지고 있지. '착하고 독실한 신자가 되어 다른 이를 사랑하고 도우라.'는 말이 '독실한 신자가 되지 않으면 지옥에 떨어질 것이니라.'라는 말과 동일한 감정적인 영향력을 발휘하지는 않는 것과 같은 이치란다."

오스카가 입을 딱 벌렸다.

"생각해 봐라. 거의 모든 상황에 적용되는 이치 아니니?"

로이가 좀 더 쉽게 설명하기 시작했다.

"'모범적인 운전자가 되고 규정을 잘 지켜라.'는 말로는 '속도를 줄이지 않으면 딱지를 떼이고 벌금을 물게 되며 보험료도 올라간다.'는 말과 같은 효과를 낼 수 없단다."

"그러니까 무언가 손해를 입을 것 같은 두려움이, 그것이 비록 구매의 기회를 놓치는 사소한 일일지라도, 무언가를 얻는 것에 대한 기대감보다 더 중요하게 생각된다는 말이죠."

오스카가 요약해서 말했다.

"바로 그거란다. 한편으론 좀 서글픈 생각도 들지만, 개념만 제대로 이해하면 얼마든지 네게 유리하게 이용할 수도 있는 방법이지. 나도 예전엔 직원들의 성과를 높이려고 할 때면 보너스를 주겠다고 약속을 하곤 했지. 직원들이 보너스를 타기 위해 보다 열심히 일할 거라고 생각했거든. 그런데 그렇게 해도 성과가 미진한 경우가 더 많았지. 하지만 지금은 다르단다. 내가 만약 '오늘 중으로 세 개 이상 팔지 못하면 해고할 것이다.'라고 말하면 10명 가운데 9명은 목표를 달성하지. 이것은 해고를 당한다는 두려움이 단순히 몇 푼 더 번다는 기대감을 압도하는 경우지. 물론 이런 식의 발언은 상당한 영향력을 발휘하니까 지혜롭게 사용해야 한다."

"정말 좋은 교훈이네요."

오스카는 큰 소득을 얻은 듯 활짝 웃었다.

"자, 이제 다른 걸 또 가르쳐 주세요. 네?"

"하하, 오늘은 그만하자꾸나. 다음에 만나면 또 가르쳐 주마. 일단 오늘 배운 것만 집에 가서 곰곰이 생각해 봐라. 그리고 내일부터 당장 활용해 보거라."

"기분이 좋다고 계속 되뇌면 결국 기분이 좋아진다."

판매의 비법을 배우다

"준비됐어요. 로이 아저씨."

오스카가 아이스크림을 주문하고 나서 먼저 말문을 열었다.

"지난번 자동차 매장에서 아저씨가 가르쳐 주신 판매방법들에 대해 계속 생각해 봤어요. 이번 달에 더 말씀해 주실 게 있다고 하셨고요."

"얘기해 줄 테니 걱정마라."

로이가 말했다.

"카드에 적혀 있는 메시지를 크게 소리 내어 세 번 읽어보렴. 그러면 설명해 주마."

상황을 팔아라 → 상황이 판매한다

감정을 팔아라 → 감정이 판매한다

감정에 호소하는 상황을 만들면 판매는 100퍼센트 성공한다.

Sell Situation → Situation Sell

Sell Emotion → Emotion Sell

when you have an EMOTIONAL SITUATION,

you'll have yourself a SALE.

메시지를 세 번 읽고 난 오스카는 로이의 가르침을 기다렸다.

"상황과 감정은 서로 결합될 때 매우 훌륭한 세일즈 도구가 된단다."

멘토가 계속 말을 이었다.

"각각 하나만으로는 같은 효과를 낼 수 없지. 자, 생각해 봐라. 오직 상황만 갖고 영업 선전이나 프레젠테이션을 하는 것은 '……하기 때문에 다 잘될 거예요.'라고 말하는 셈이란다. 반면에 순전히 감정에 의존하는 것은 가라앉은 배에서 빠져나오려는 쥐처럼 흥분한 모습으로 고객에게 팔을 흔들고 소리치는 것과 같은 거야. 양쪽 모두 잠재 고객을 불쾌하게 하거나 심지어 겁을 줘서 쫓아버릴 수도 있지. 하지만 상황과 감정을 결합시키면 마술처럼 놀라운 결과 상황을 팔아라 → 상황이 판매한다.
감정을 팔아라 → 감정이 판매한다.
감정에 호소하는 상황을 만들면 판매는 100퍼센트 성공한다.

Sell Situation → Situation Sell
Sell Emotion → Emotion Sell
when you have an EMOTIONAL SITUATION,
you'll have yourself a SALE.

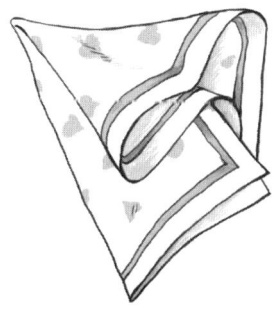

를 만들어낼 수 있단다."

"두 가지가 결합된 예를 보여 주마."

그는 탁자 위에 있던 지역 신문에 실린 한 광고를 가리켰다.

사업을 시작한 지 5년 만에 임대료가 두 배로 올랐다는 통지를 받았습니다. 그래서 친구들과 고객들에게 작별 인사를 하게 되었습니다. 이번 목요일 오후 1시에 완전히 정리할 예정이므로 물건을 모두 처분해야 합니다. 가게 문을 닫으면서 여러분께 저희 제품을 거의 공짜로 가져갈 수 있는 기회를 드립니다. 이런 식으로라도 여러 해 동안 저희를 도와주신 데 대해 감사를 표하고 싶습니다.

"정말 훌륭한 방법이야. 많은 돈을 벌어들일 수 있는 감정적 상황을 만들어낸 거지. 이렇게 세일이 끝나면 저렴한 임대료를 내는 다른 데로 옮겨서 가게를 오픈한 뒤에 '여러분의 아낌없는 마음과 지원 덕분에 가게를 살릴 수 있었다.'며 개점 재개 기념 세일을 하면 되는 거지.

오스카, 여기서 핵심적인 사항은 사람들이 구매를 할 때는 그럴 만한 이유를 '갖고 싶어 한다.'는 것이란다. 뭔가에 이끌리고 싶은 거지. 상황을 만들어내는 것은 제일 먼저 사람들에게 바로 그런 구매 동기를 제공하기 위해서야. 그리고 상황 뒤에 감정을 배치시키는 것은 오늘 당장 구매를 해야 하는 이유를 제공하는 것이지."

"모든 것이 이렇게 단순하다니 정말 놀라워요. 물론 쉽지 않다는 걸 알아요. 하지만 아저씨의 설명 덕분에 세일즈를 완전히 새로운 관점에서 보게 됐어요. 얼마 전 CD 다섯 장을 산 적이 있는데, 이제야 그 판매원이 '판매완결'을 아는 사람이라는 걸 깨달았어요. 전 그냥 한 장만 사고 싶었거든요. 하지만 세트로 사면 10퍼센트 할인을 받을 수 있다고 알려주면서 다섯 장 세트를 사게 만들었죠. 길게 보면 그는 결국 제가 돈을 절약하게끔 도운 셈이죠."

오스카가 판매를 완결했던 점원에 대해 이야기했다.

"나도 그렇게 생각한단다."

로이가 오스카의 말에 동의했다.

"난 물건을 살 때마다 판매원이 그저 무언가를 '팔려고' 애쓰는지, 아니면 '판매완결'로 유도하는지 살펴본단다. 나는 판매기법을 잘 알고 있기 때문에 어떤 결정에 이끌려가기보다는 내 자신이 원하는 방향으로 결정을 내릴 수 있지."

"로이 아저씨, 사실 저는 지금 제가 생각했던 것보다 더 자주 고객으로부터 거절당하고 있어요. 아저씨는 어떻게 성공할 수 있었던 거예요? 판매완결을 위한 단계들은 어떻게 구성되는 거죠? 어디서 누구에게 어필해야 효과가 좋은 건지, 정말 알고 싶은 것들이 너무 많아요."

로이가 대답했다.

"나는 가능한 모든 방법들을 다 시도해 보았단다. 성공적인 판매 방법에 관한 책도 읽고, 테이프도 수없이 많이 들었지. 그런데 그렇게 배운 것들 가운데 실제로 큰 도움이 된 것들은 결국 5단계 프로그램으로 요약되더구나. 나는 늘 지갑 속에 이 카드를 넣고 다닌단다. 슬럼프에 빠질 때마다 꺼내 보며 참고하지. 이 다섯 단계를 따르고 유지함으로써 슬럼프를 이겨내고 다시 앞으로 나아갈 수 있었단다."

로이는 가죽 지갑을 열더니 카드 한 장을 꺼냈다.

"네가 각각의 요점을 잘 이해하도록 내가 직접 읽으며 설명을 덧붙여 주마."

●● 가장 효율적인 판매의 5단계 ●●

1. 의사결정자와 접촉하라

구매를 결정하는 데 무관한 사람에게 시간을 낭비하지 말라는 뜻이다. 계약서에 사인하거나 돈을 지불할 사람과 직접 만나야 한다. 다른 사람에게 프레젠테이션을 하는 것은 행사장에서 감자 깎는 칼을 파는 사람이 구경꾼의 강아지나 고양이에게 제품을 설명하는 것과 같다. 강아지나 고양이가 그 판매원의 행동을 좋아하고 달려들지 모르지만, 수표에 사인을 할 수는 없다. 따라서 엉뚱한 사람을 설득하느라 헛수고하지 말라는 의미다.

2. 판매 분위기를 만들어라

항상 따뜻한 미소와 긍정적인 말로 사람들을 맞이하라. 의사결정자와 상담하고 있다면, 그들의 기분이 어떠한지, 대화를 나눌 시간은 충분한지 등을 확실히 체크하라. 판매자든 구매자든 쫓기거나 서두르는 상황에서는 절대로 거래가 성사될 수 없다. 기분 좋고 긍정적인 의사결정자와 대화를 나눌 때 성사 가능성은 높아진다.

오스카가 열심히 고개를 끄덕이자 멘토가 계속해서 설명했다.

3. 간단하게 설명하라

영업 선전이나 프레젠테이션은 가능한 한 간결하게, 요점만 이야기하라. 이는 자신이 무슨 말을 하고 있는지 스스로 잘 알고 있다는 확신을 구매자에게 심어 준다. 미적거리는 태도를 보이거나 빙빙 돌려서 말하는 것은 금기사항이다. 말을 하기 전에 무슨 말을 할 것인지 확실하게 정리해 두어야 한다.

4. 판매완결로 이끌어라

판매 거래가 이미 성사되었다고 가정하라. 이는 구매자에게 자신이 훌륭한 결정을 내렸음을 확신하게 만든다. 구매자가 '예'라고 대답할 것임을 기대하고 대화를 나눠라. 그러면 그렇게 될 것이다. '서류에 이름은 뭐라고 쓸까요?' 또는 '자, 이 정도면 충분할 것 같은데요. 혹시 제가 아주 싸게 해드린다면 하나 더 사용하시겠습니까?' 등과 같은 완결 문구를 사용하라. 이것이 판매완결 가정 기법이다.

5. 기분 좋게 마무리하라

거래를 끝내고 도망치듯 나오지 마라. 다음번 거래를 위한 씨앗을 뿌려라. 상대방에게 그 거래에 대해 진심으로 감사하고 있음을 확신시켜라. 본인이 제품에 대해 자신감이 있고, 상황이 달라지거나 또 다른 필요가 생기면 언제든지 찾아와서 도와줄 수 있는 사람이라는 것을 알려라. 판매 후에도 계속 연락을 취하라. 그래야 '관계'를 구축해 나갈 수 있다.

가장 효율적인 판매의 5단계

1단계 → 의사결정자와 접촉하라

2단계 → 판매 분위기를 만들어라

3단계 → 간단하게 설명하라

4단계 → 판매완결로 이끌어라

5단계 → 기분 좋게 마무리하라

The most effective steps to a close

STEP1 → Contact the decisionmaker

STEP2 → Qualify and warm up

STEP3 → Present

STEP4 → Close

STEP5 → Warm down

가장 효율적인 판매의 5단계

1단계 → 의사결정자와 접촉하라
2단계 → 판매 분위기를 만들어라
3단계 → 간단하게 설명하라
4단계 → 판매완결로 이끌어라
5단계 → 기분 좋게 마무리하라

The most effective steps to a close

STEP1 → Contact the decisionmaker
STEP2 → Qualify and warm up
STEP3 → Present
STEP4 → Close
STEP5 → Warm down

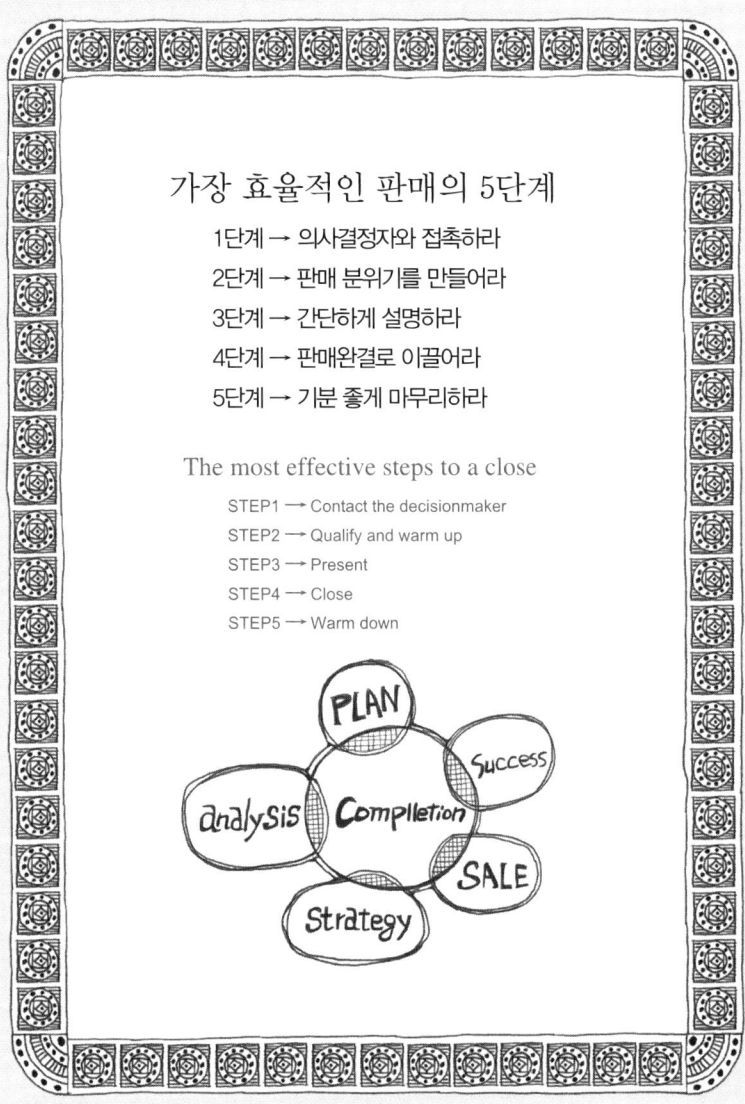

"좋아요. 긍정적인 상태의 의사결정자와 이야기하라, 감정적 상황을 만들어라, 그들이 제품을 믿고 이미 구매를 결정했다고 가정하라, 그리고 나중에 또 구매하기 위해 다시 찾을 거라고 가정하라. 이 말씀이시죠?"

오스카는 멘토가 말한 내용을 다른 표현으로 바꿔 확인하듯 말했다.

"바로 그거야."

로이가 확신에 찬 목소리로 대답했다.

"그것이 바로 내가 판매 슬럼프에 빠질 때마다 집중력을 되찾는 다섯 단계란다. 무엇을 파는지는 상관없단다. 엉뚱한 사람에게 설명을 하고 있는 것은 아닌지, 성미가 까다로운 사람을 만족시키려고 시도하고 있는 건 아닌지, 판매를 기대하는 대신에 판매를 요구하는 것은 아닌지 등을 늘 스스로 체크하고 확인해야 한다는 의미다. 오스카, 결국 중요한 것은 구매 가능성이 없는 사람들 가운데서 구매자를 만들려고 시도하는 것이 아니라, 구매 가능성이 높은 사람을 찾아내는 거란다. 엉뚱한 사람에게 매달리지 마라. 단지 시도하는 것으로는 아무것도 이룰 수 없다는 얘기, 기억하고 있지?"

"시도는 곧 실패를 의미하죠."

이렇게 말하고 나서 오스카는 잠시 동안 생각해 보았다.

"하지만 프레젠테이션을 한다고 해서 모두 판매로 연결되는 것은 아니잖아요. 어떻게 해야 거절당해도 별일 아니라는 듯 극복할 수 있을까요? 옛날에 자전거 바퀴에 야구 카드를 끼워 주는 아이디어를 생각했던 제 친구 기억나시죠? 마르코스라는 그 친구는 첫 번째 친구에게서 거절당한 뒤에 바로 포기했어요. 전 포기하고 싶지 않아요. 어떻게 해야 포기하는 일 없이 아이디어를 끝까지 밀고 나갈 수 있죠?

"좋은 질문이구나. 지금까지 한 질문 가운데 가장 좋은 질문이야. 두 가지로 대답할 수 있지. 먼저 구매자의 거부 혹은 거절, 즉 구매자가 구매할 수 없다고 내세우는 몇 가지 이유를 어떻게 극복하는지 생각해 보기로 하자."

잠깐 숨을 고른 뒤 로이가 말을 이었다.

"사람들이 구매할 수 없는 이유를 밝히면 일단 무조건 동의해라. '저도 알고 있습니다.'와 같이 말하는 거지. 하지만 구매 이유를 절대로 반복해서 말하진 마라. 그건 더더욱 거부감을 느끼게 한단다. 그렇게 부정적인 생각이 커지면, 그걸 극복하기란 거의 불가능하단다. 내가 한 가지 예를 들어보마."

카메라 상점 점원이 카메라를 들여다보고 있는 손님에게 그 카메라를 팔고자 한다. 점원과 손님의 대화가 이어진다.

"그 카메라를 사시면 필름 한 통을 공짜로 드립니다."

"그러고 싶지만 현재로선 그렇게 많은 돈을 지출할 계획이 없어요. 세금 낼 때가 다가와서……."

"무슨 말씀이신지 알겠습니다. 근데 이건 어떠세요? 제가 필름 두 통을 공짜로 드리고 다 찍어서 가져오시면 현상 가격도 10퍼센트 할인해 드리겠습니다. 사실 이게 그 기종으로는 마지막 남은 물건이라 저도 처분하고 싶거든요. 손님께선 좋은 조건으로 물건을 사신 거고, 저는 최신 제품을 진열할 공간이 생긴 거죠. 포장해 드릴까요?"

"쉽지? 이것이 바로 공격적이지 않으면서 구매 거부를 극복하고 판매완결을 가정하는 적극적인 방법이란다. 판매원이 뭔가를 만들어냈는데, 그게 뭔지 알겠니?"

"감정적 상황이요."

오스카가 대답했다.

"바로 그거란다. 이제 똑같은 거부 반응에 대응하는 잘못된 방식을 이야기해 주마. '세금이요? 매년 이맘때만 되면 다들 세금 때문에 난리죠. 제가 필름 두 통을 끼워 주고, 그 두 통까지는 무료로 사진을 인화해 드리면 어때요? 그러면 마음을 바꾸시겠어요?' 오스카, 이렇게 말하는 게 왜 잘못인지 알겠니?"

오스카가 잠시 생각하더니 대답했다.

"손님의 부정적인 생각을 강화시켰어요. 그리고 판매완결을 가정한 게 아니라 판매를 요구하기만 했어요."

"아주 좋아."

로이가 만족한 듯 말했다.

"손님은 보통 이렇게 대답할 거야. '저도 그러고 싶지만 당신도 상황이 어떤지 잘 아시잖아요. 1~2주 안에 돈이 생기면 그때 다시 올게요. 이해해 줘서 고마워요.' 차이가 보이지? 판매를 객관적으로 보기 시작하면 판매완결에 돌입할 시점이 언제인지 알 수 있단다."

오스카는 이해했다는 듯 천천히 미소를 지었다.

"저조한 판매 실적으로 인해 낙담하지 않는 방법이라……. 글쎄, 그런 카드는 없는데……."

"믿을 수 없어요."

오스카가 로이를 졸랐다.

"하지만 방법은 알고 있지. 내가 세일즈맨들을 가르칠 때마다 강조하는 방법이지. 그 방법은 내 마음속 깊이 새겨져 있어서 따로 적어놓을 필요가 없단다. 대신 너를 위해 여기에 적어 주마."

로이는 윗주머니에서 펜을 꺼내 냅킨에 적기 시작했다.

너는 할 수 있다.

너는 하게 될 것이다.

또 다른 조개를 열어 보기만 하면 된다!

You CAN do it.

You WILL do it.

Just shuck Another Oyster!

"네 앞에 조개가 가득 찬 바구니가 있다고 상상해 봐라. 조개 하나하나는 구매 권유를 의미하는 것이야. 제품을 구매하라고 권유할 때마다 그건 조개 하나를 열어 보는 것과 같단다. 조개 하나를 열었을 때 그 안에 진주가 없다면, 거기서 포기하고 아직 열어 보지도 않은 조개로 가득 찬 바구니를 던져 버리겠니? 물론 그렇지 않겠지. 또 다른 조개를 꺼내 다시 열어 보겠지? 그들 중에는 분명 진주가 들어 있는 조개가 있을 테니까. 그렇지?"

"맞아요."

오스카가 동의했다.

너는 할 수 있다.
너는 하게 될 것이다.
또 다른 조개를 열어 보기만 하면 된다!

You CAN do it.
You WILL do it.
Just shuck Another Oyster!

"그래, 세일즈 방문이나 구매 권유도 똑같은 거란다. 거래를 체결하지 못했다고 다음번에도 똑같으리라는 법은 없지. 사실 판매를 못하는 거나 진주를 찾지 못하는 건 한편으로는 좋은 일이란다."

"왜죠?"

오스카가 이해가 안 된다는 듯 물었다.

"진주를 찾는데 한 걸음 더 가까워졌다는 걸 의미하기 때문이지. 그렇게 생각하는 게 바람직하다는 뜻이다. 판매에 실패했다면 그걸 경험으로 생각하고 다음번에는 반드시 성공할 수 있는 방법을 도모하는 계기로 활용한다면 얼마나 고무적인 일이니? 이것이야말로 실망을 극복하는 가장 쉬운 방법이란다."

멘토가 결론을 내렸다.

"너는 할 수 있다. 너는 하게 될 것이다. 또 다른 조개를 열어 보기만 하면 되는 거니까 말이야."

"알겠어요. 부정적인 생각을 극복하는 가장 좋은 방법은 계속해서 용기를 내서 밀고 나가는 것이군요. 아저씨가 오래전에 주셨던 카드에 나왔던 말처럼 한다면, 이렇게 표현할 수 있겠네요. '세일즈 방문이나 구매 권유를 계속해 나가야 하는 두 가지 경우가 있다. 그러고 싶을 때와 그러고 싶지 않을 때.'"

"네 말이 맞다."

로이가 크게 웃음을 터뜨리며 말했다.

"좋아요. 하지만 질문이 하나 더 있어요."

오스카가 웃으며 말했다.

"일단 판매를 완결시키고 났을 때 나중에 또 판매할 수 있도록 고객 만족을 유지하는 가장 좋은 방법은 무엇인가요?"

"네가 그 질문을 할 줄 알았지."

로이가 눈을 찡긋했다.

"그것에 관해서는 카드가 있으니까 걱정마라."

"다행이에요. 내심 걱정했거든요."

오스카가 농담을 하며 카드를 집어 들었다.

고객이 듣고 싶어 하는 말이 아니라

고객에게 필요한 말을 하라.

Tell them what they NEED to hear.

not what they WANT to hear.

"달리 표현하자면, '말로 약속하는 것은 최소화하고 약속 이행을 최대화하라.'는 거겠지."

멘토가 말했다.

고객이 듣고 싶어 하는 말이 아니라
고객에게 필요한 말을 하라.

Tell them what they NEED to hear.
not what they WANT to hear.

"쉬워 보이지만 이 말의 영향력을 이해하는 사람은 별로 없단다. 내가 예를 하나 더 들어보마."

보유하고 있는 볼펜의 재고 물량을 모두 팔아야 하는 판매자와 고객의 대화 내용이다.

"안녕하세요, 사장님. 전 Y사의 오스카입니다. 이렇게 이야기를 나눌 수 있게 되어 기쁩니다. 저희 회사에 지금 명절용 비축 물량이 들어와서 그걸 저장해 둘 공간이 필요합니다. 재고품으로 있는 볼펜 한 박스 가져가시지 않으시겠습니까? 도와주시면 볼펜에 인쇄도 해드리고 가격도 저렴하게 맞추어드리겠습니다. 거의 공짜나 다름없이 드리는 겁니다."

"어떤 건데요? 멋진 고급 볼펜인가요?"

"그렇다고 말씀드리긴 어렵네요. 재고품이거든요. 그래서 아주 싸게 파는 겁니다. 간단하게 말씀드리면, 평범한 볼펜이죠. 손님들이 그저 편하게 집어갈 수 있는 볼펜입니다. 물론 글씨는 잘 써집니다. 제품 겉면에 사장님 가게 이름과 전화번호를 공짜로 인쇄해 드리겠습니다. 볼펜 종류에 따라 손님들이 구입하는 게 달라지는 건 아니잖습니까. 손님들에게 나눠 주는 볼펜이라면, 중요한 건 거기에 무엇이 써 있느냐 하는 것이지요."

"여기까지가 상황 만들기란다."

로이가 계속 설명했다.

"그러고 나서 고객이 물건을 받았을 때 볼펜은 사실상 중간 정도의 품질이고, 한쪽 면에 크고 두꺼운 글씨로 가게 이름과 전화번호가 적혀 있단다. 그러면 그는 속으로 '오, 생각보다 괜찮은데!' 하고 생각할 거다. 괜찮은 물건을 헐값으로 샀다고 느끼는 거지. 그것이 바로 '감정'이란다. 다음에 네가 다른 물건을 팔려고 전화하면, 그는 분명히 너에게 아주 높은 신뢰감을 나타낼 거다."

"그렇겠네요."

오스카가 대답했다.

"그렇단다. 다른 사람들은 대부분 볼펜을 판매하는 데만 집중해 과잉 선전에 열을 올리지. 하지만 그런 식으로 판매하면, 결국 약속만 거창하게 하고 이행은 제대로 하지 않는 셈이 되지. 그러면 결과적으로 고객을 잃게 되거나 아니면 적어도 재계약의 기회를 잃게 되는 거지. 그저 실적에 대한 욕심만 앞서서 '제품이 아주 훌륭하답니다. 당신 마음에 꼭 들 거예요. 당신 사업을 크게 바꾸어 놓을 것입니다. 틀림없습니다.'라는 식으로 선전하면 안 된다는 얘기다. 생각해 봐라. 그런 식으로 선전한 물건을 실제로 받고 보니 그저 평범한 것이었다면 고객은 어떤 생각을 하게 되겠니? 분명 속왔다는 기분이 들 거다. 하지만 최소한으로 약속하고 최대한 이행하면, 고객은 상대방에 대해 거의 무한한 신뢰감을 갖게 되지. 그게 바로 또 다른 판매의 가능성을 열어두는 윈-윈 전략이라는 거다."

아이스크림 가게의 점원인 이스텔이 다가와 두 사람에게 인사를 건넸다.

"안녕하세요?"

"그럼요. 언제나 좋아요."

로이가 밝게 대답하자, 이스텔은 얼굴에 미소를 지으며 자리를 떠났다.

"왜 항상 그렇게 대답하세요? 대부분의 사람들은 '네.' 아니면 '좋아요.' 정도로 대답하는데, 아저씨는 매번 '언제나 좋아요.'라고 하시잖아요."

오스카가 의아한 듯 물었다.

"그래, 사람들은 '안녕하세요?', '요즘 잘 되시죠?'라고 인사하면 대개 '괜찮아요.', '그저 그렇죠.', '그럭저럭', '좋아요.' 이런 식으로 대답을 하지. 이런 대답들 대부분은 사실 부정적인 느낌을 담는 경우가 많단다. 또 그저 '좋아요.'라고 답하는 것은 너무 흔해서 별 의미가 없고 말이야. 그래서 난 언제부턴가 '안녕하세요?'나 '잘 되시죠?'란 의례적인 인사에 진짜로 긍정적인 대답을 하기로 마음먹었지. 그래서 '언제나 좋아요.', '늘 좋아요.', '그럼요, 좋습니다.'라고 대답하는 거란다. 이렇게 대답하면 얼마나 많은 시선이 나에게 집중되는지 넌 아직 잘 모를 거다. 나 또한 아직까지도 당황할 때가 많으니까.

식품점에 갔을 때 점원이 내게 인사를 하면 난 '늘 좋아요.'라고 대답을 해. 그러면 점원은 보통 나를 다시 쳐다보고 '정말 그러냐?'고 묻지. 그러면 줄을 서 있던 사람들이 모두 나를 쳐다보며 비슷한 표정으로 묻는 거야. '어떻게 항상 좋을 수 있죠?'라고 말이야. 그러면 나는 에이브러햄 링컨이 한 말을 인용해서 대답하곤 하지. '행복은 마음먹기에 달려 있는 겁니다.'라고. 긍정적인 마음을 계속 유지하는 것은 정말 좋은 일이란다. 우리 마음의 힘은 생각보다 대단하단다. 스스로 계속 기분이 좋다고 되뇌면 정말로 그렇게 되는 효과가 있어. 길지 않은 인생인데 하루라도 기분 나쁘게 살 이유가 없잖니. 안 그래?"

오스카는 감사의 미소를 지으며 대답했다.

"아저씨는 정말 제게 많은 것을 가르쳐 주시네요. 아저씨 시간을 많이 뺏고 싶지는 않지만, 다음번에 제가 판매 목표를 세우는 것과 그 목표를 이루기 위한 실행 계획 짜는 것을 도와주셔야 해요. 그렇게 해 주실 거죠?"

"물론이지."

로이가 밝게 미소를 지었다. 그러고는 계산서를 집어 들고 일어섰다.

오스카가 펜을 들어 냅킨 위에 빠르게 몇 자 적어서 반을 접은 뒤 로이에게 건넸다. 그러고 나서 힘차게 악수를 청했다.

"아저씨, 매번 좋은 가르침을 주셔서 정말 감사합니다."

오스카가 눈을 찡긋하며 말했다.

"아저씨가 '언제나 좋아요.'라고 답하신다면, 전 이렇게 말할 수 있어요."

냅킨에 오스카가 쓴 글을 읽은 로이는 가슴이 뭉클해졌다.

> 기분이 아주 좋아요. 제 자신에 만족하거든요.
> I feel so good - even I want to be me.

기분이 아주 좋아요.
제 자신에 만족하거든요.

I feel so good - even I want to be me.

"최고의 지도자는 최고의 일원이 되는 것에서 출발한다."

매니저와 리더는 분명 다르다

오스카는 이제 결혼까지 한 어엿한 성인이다. 하지만 멘토와의 만남을 위해 '얼음 궁전'으로 들어오는 그의 표정은 아직도 들뜬 소년 같다. 로이는 오스카가 뭔가 좋은 소식을 전해 주려고 한다는 것을 눈치챘다.

"어디 한번 들어보자꾸나."

로이가 재촉했다.

"굉장한 뉴스가 있어요. 제가 영업부 부장이 됐어요."

"멋지구나! 우수사원으로 열심히 일하더니 보너스보다 더 큰 소득을 얻었구나."

"그런 것 같아요."

오스카가 미소를 지으며 대답했다.

"세일즈맨이 50명이 넘는 시내 지점을 관리하게 됐어요. 정말 흥분되기도 하지만, 한편으로는 다소 긴장도 되네요. 관리 쪽에 경험이 없잖아요."

"오늘은 정말 특별한 날이구나. 오늘 같은 날은 기념해야지. 오늘 아이스크림은 내가 사마."

"부디 아저씨의 지혜가 담긴 말들도 곁들여 주세요. 하지만 먼저, 작년에 저는 결혼도 했고 이제는 태어날 아이도 있으니 저의 이런 성장을 지켜봐 주신 데 대해 감사드리고 싶어요. 아저씨께서 앞으로도 항상 가르쳐 주시고 지원해 주시면, 이번에 주어진 도전도 훌륭하게 극복하고 반드시 성공하리라 확신해요. 정말 감사합니다."

오스카가 멘토에게 악수를 청하며 말했다.

"흠, '감정을 유발하는 상황'을 만들고 '판매완결'을 가정하는 수법이 완벽하구나. 이제 다음 단계로 넘어가야 할 때가 되었나 보다."

로이가 웃으며 말했다. 그러고는 오스카에게 카드 한 장을 내밀었다.

원하는 것을 얻으려면,
먼저 상대방이 원하는 것을 얻도록 도와주어라!
To get what YOU want,
you FIRST need help others get what THEY want!

"그렇군요, 이 한 마디 말이 그동안 아저씨께서 제게 가르쳐 주신 내용을 요약해 주고 있네요."

오스카가 말했다.

"그런데 다른 사람들이 목표를 정하고 달성하도록 도울 수 있는 실질적인 방법에는 어떤 것들이 있는지 아직 잘 모르겠어요."

"오스카, 이것은 내가 가장 좋아하는 주제란다. 우리는 저마다 나름대로 목표와 바람이 있지. 너와 나에게는 중요한 것이 다른 누군가에게는 중요하지 않을 수도 있어. 그렇지만 한 가지 분명한 게 있다면, 그것은 누구든 자기가 이끄는 사람들이 목표를 달성할 수 있도록 최선의 기회를 제공해야 할 의무가 있다는 거야.

그리고 훌륭한 리더가 되려면 관리를 뛰어넘어, 말 그대로 사람들을 이끌고 지도해야 한단다. 솔선해서 모범을 보이고, 그 방법이나 원리를 설명하여라. 그들에게 꿈이 무엇인지 물어보고 그것을 이룰 수 있도록 도와주는 것도 좋은 방법이다. 그렇게 하면 동기부

원하는 것을 얻으려면,
먼저 상대방이
원하는 것을 얻도록
도와주어라!

To get what YOU want,
you FIRST need help others get what THEY want!

여가 되고, 결국 그들은 모든 걸 해내고 싶어 할 거다. 또 직원들에게 자신의 목표를 종이에 적도록 해라. 그러면 목표를 보다 현실적으로 느끼고 매번 상기시킬 수 있단다."

로이는 잠시 말을 멈추고 커피 한 모금을 마신 다음, 오스카에게 다른 카드 한 장을 건넸다.

> 꿈을 날짜와 함께 적어 놓으면
> 그것은 목표가 되고,
> 목표를 세분화 하면
> 그것은 계획이 되며,
> 그 계획을 실행에 옮기면
> 꿈은 실현되는 것이다.
> A DREAM written down with
> a date becomes a GOAL,
> A goal broken down
> becomes a PLAN,
> A plan backed by ACTION
> makes your dream come true.

꿈을 날짜와 함께 적어 놓으면
그것은 목표가 되고,
목표를 세분화 하면
그것은 계획이 되며,
그 계획을 실행에 옮기면
꿈은 실현되는 것이다.

A DREAM written down with
a date becomes a GOAL,
A goal broken down
becomes a PLAN,
A plan backed by ACTION
makes your dream come true.

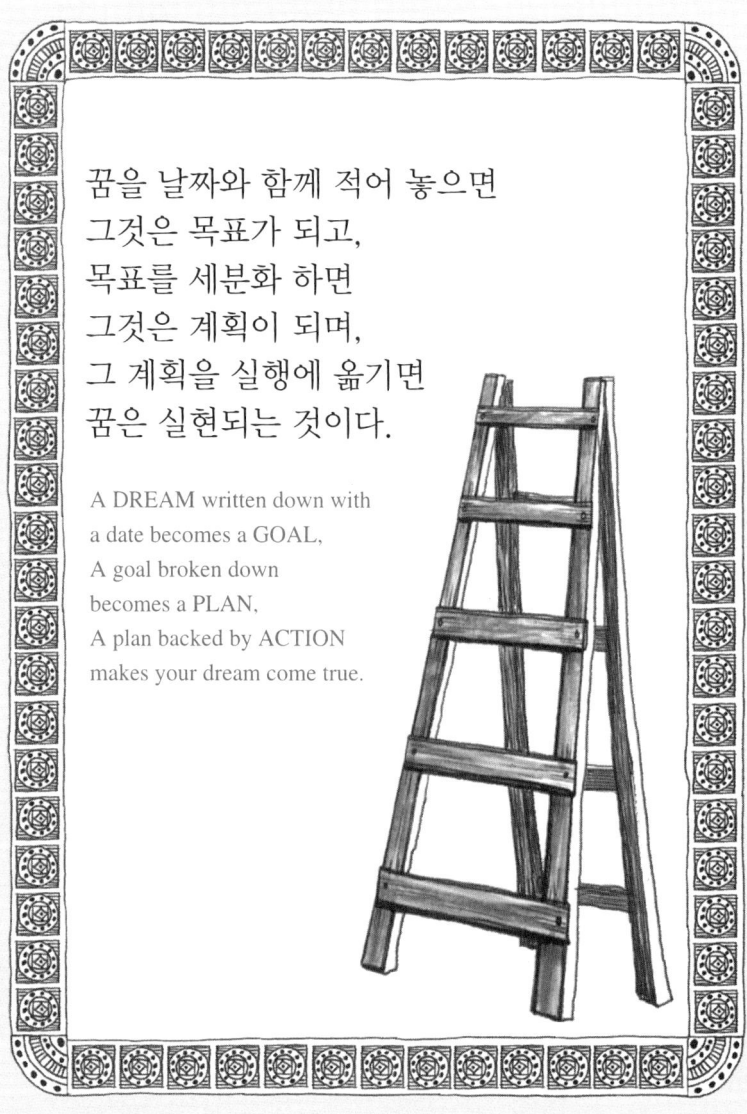

"어떤 사람이 활과 화살을 들고는 허공에 대고 쏘며 '잘 쐈군, 다들 날 보라고. 진짜 실력 좋지!'라고 호언장담하고 있다고 생각해 보렴."

멘토가 계속해서 말했다.

"그런데 또 어떤 사람은 앞에 과녁을 설치해 놓고, 정중앙을 명중시킬 때까지 계속해서 목표에 집중하고 있다면? 어때, 이 둘의 차이를 알겠지? 과녁이 없이 어떻게 잘하고 있는 건지 아닌지 알 수 있겠니?"

"맞아요."

오스카가 맞장구쳤다.

"그런데 비즈니스에서는 그게 어떤 식으로 작용하나요?"

"언제 그 질문을 하나 했다."

로이는 그의 열성적인 학생인 오스카를 놀리며 짓궂게 웃었다.

"똑같은 원리가 그대로 적용된다고 생각하면 된다. 직원들에게 분명하고 정확한 목표를 갖도록 하는 것이 바로 맞춰야 할 과녁을 제공하는 거지. 그들이 자신들의 목표가 무엇인지를 알고, 거기에 도달해야 할 책임을 느낀다면, 너는 그들을 성공으로 이끌고 있는 거란다. 사람들은 대개 누군가가 계속 관심을 가져주면 어떤 일이든 쉽게 포기하지 않고 매달리게 되지. 그러니 너도 직원들이 서로의 목표에 관심을 갖고 격려하는 분위기를 만들어 줄 필요가 있단다. 사람들은 일종의 공동체 정신을 발휘해 서로 돕는 것을 좋아하거든."

"좋아요, 아저씨. 그런데 제가 설정하는 목표가 만약 직원들이 성취하고자 하는 것보다 지나치게 높은 경우에는 어떻게 해야 하죠?"

"좋은 질문이다. 직원들에게 설정하도록 할 목표는, 도전의식은 북돋우되 엄두도 못 낼 정도여서는 안 된다는 점을 명심해야 한다. 신입사원에게 가장 힘든 분야를 맡기고 가장 많은 할당량을 부여하는 경우는 없잖아. 처음에는 비교적 쉬운 목표를 세우도록 한 다음, 점차 방법을 터득하면서 성장하고 뻗어나가게끔 해 주어야 한다. 항상 다음 단계를 향해 나아갈 수 있도록 독려해야 하는 거란다."

"정말 좋은 말씀이세요."

오스카가 인정한다는 듯 고개를 끄덕였다.

"제가 처음에 세일즈맨이 되었을 때 아저씨와 함께 이곳에 앉아 제 목표들을 표로 만들었던 게 기억나요. 그 후 매달 저는 목표를 꼭 달성해야겠다고 생각했어요. 아저씨와 그 목표를 공유했기 때문이었어요. 그것은 저 혼자만의 목표가 아닌, 우리의 목표였기 때문이죠. 얼마 후 수당은 더 이상 눈에 들어오지 않았어요. 단지 아저씨를 만날 때마다 제 실적이 나아지고 있다고 말씀드릴 수 있기만을 바랐어요."

"그것 보렴, 오스카. 이 모든 것들이 한 가지로 대표된단다. 바로 '책임감'이야. 좋은 매니저가 되기 위해, 나아가 더 좋은 리더가 되기 위해, 너는 늘 이 단어를 기억해야 한단다. 여기 적힌 말을 곰곰이 생각해 보려무나."

이렇게 말하며 로이는 오스카에게 또 한 장의 카드를 건넸다.

> 사람을 평가하는 진정한 척도는 바로 책임감이다.
> The true measure of person's integrity is the extent to which he or is accountable.

멘토가 이어서 말했다.

"내가 사람들을 이끄는 방법을 말해 주마. 일이 잘 되면 그것은 '그들의'로이고, 일이 잘 못 되면 그것은 '나의' 잘못이며, 일이 별 문제 없이 잘 진행되면 그것은 '우리 모두의' 공로 덕분이다."

"마음에 들어요." 오스카가 소리치듯 말했다.

사람을 평가하는 진정한 척도는 바로 책임감이다.

The true measure of person's integrity is the extent to which he or is accountable.

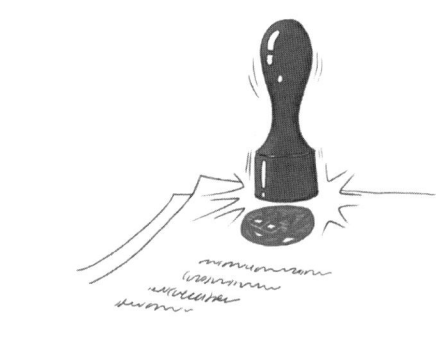

"그러니까 기본적으로 좋은 일은 자신의 공적으로 돌리지 말고, 오히려 잘못된 일에 대해서는 책임을 져야 한다는 말이군요. 그런 식으로 리더가 겸허한 자세를 유지해야 직원들도 최선을 다하고 싶어 할 테고, 그러면서 리더에게 힘이 되어 주기 위해 할 수 있는 한 모든 노력을 기울이겠죠. 일이 순조롭지 않더라도 그들은 리더가 분명히 자기들을 버리지 않을 거라는 걸 잘 알기 때문이죠."

"바로 그거야. 그게 좋은 리더가 되는 방법이란다. 잘 찾아보면 좋은 매니저는 얼마든지 쉽게 발견할 수 있단다. 하지만 리더는 다르지. 리더는 뭔가 특정한 자질이 있어야 되는 거란다."

"좀 이해가 안 돼요."

오스카가 이의를 제기했다.

"매니저나 리더나 비슷한 것 아닌가요?"

"궁극적으로 보면 전혀 다르단다. 매니저와 리더의 차이는 세일즈만 아는 사람과 클로징까지 아는 사람의 차이보다도 더 크다고 할 수 있지. 들어보렴."

그는 학생에게 설명하듯이 차근차근 짚어나갔다.

"많은 사람들이 매니저와 리더, 즉 관리자와 지도자를 혼동한단다. 그 둘은 완전히 다른데도 말이야. 프로야구팀을 예로 들어보자. 팀의 코치 혹은 감독은 선수들로 하여금 하나의 단위로 움직이도록 자극하고, 목표에 전념하도록 훈련시키며, 시합 때는 경기장에서 선수들을 감독하지. 그런데 그 팀의 목표를 결정하는 사람은 바로 팀의 구단주, 다시 말해 리더란다. 팀의 리더는 최종 결과, 이를테면 목표를 마음속에 그리고, 그 목표를 이루는 데 도움이 될 만한 사람들을 영입해 그들에게 권한을 부여하며, 바라던 결과를 얻도록 이끄는 역할을 한단다."

"이스텔!"

로이는 이스텔에게 커피를 좀 더 가져다 달라고 손짓을 한 뒤 계속 말했다.

"진정한 리더는 모든 일을 다 할 필요가 없단다. 하지만 리더는 해야 할 일이 무엇인지를 분명하고 정확하게 설명하는 방법을 알아야 한다. 그리고 다른 사람들이 목표를 달성하도록 권한을 부여할 줄도 알아야 하지. 리더가 모든 걸 다 직접 할 필요는 없지만, 리더는 부하직원들에게 공동으로 주어진 목표의 진행과정을 단계별로 모니터할 필요는 있지."

로이는 커피를 한 모금 마시고는 다시 입을 열었다.

"야구팀의 '매니저'는 예컨대 '포스트시즌 진출'과 같은, 자기에게 부여된 비전을 실현하는 것뿐이야. 목표를 현실로 전환시키는 것, 그것이 바로 그 사람이 책임질 부분이지. 그래서 다양한 선수들을 영입하고 상대팀의 성향에 따른 전략을 짜며 선수들의 연습량을 조절하고 실적을 관리하고 평가하는 거야. 그야말로 관리자의 일을 하는 거지."

"음……."

오스카가 생각에 잠긴 듯 말했다.

"무슨 말씀인지 알 것 같아요. 그렇다면 리더와 매니저는 함께 일해야 하지 않나요?"

"바로 그거야. 아무리 훌륭한 리더라 해도 훌륭한 매니저가 없으면 원하는 성과를 거두기가 힘들지. 그럴 경우 리더는 그저 자본이나 기막힌 아이디어만 갖고 있는 몽상가에 불과하지. 그를 따라줄 사람이나 실행 능력을 갖춘 사람이 없으면 꿈은 그저 꿈으로 끝나고 마는 경우가 대부분이야. 즉 실제적인 일을 해 줄 사람이 필요한 법이야. 그러니까 성공을 극대화하려면 리더와 더불어 리더가 되기 위해 노력하는 사람 또한 필요하다는 얘기가 되겠지."

멘토가 계속 설명했다.

"그리고 그 반대도 마찬가지다. 훌륭한 매니저도 특정한 목표가 없으면, 즉 리더십이 결여된 상태에서는 정체되고 획일화되기 마련이지. 제시된 방향이 없으면, 같은 작업만 반복해서 수행하다가 결국엔 지루한 결말을 맞이하게 될 가능성이 높다는 얘기지."

"무슨 뜻인지 알겠어요. 그러면 아저씨, 태어날 때부터 리더로 타고나는 사람은 그다지 많지 않을 것 같은데요. 어떻게 하면 리더가 되죠?"

오스카가 물었다.

"아까 말했듯이, 훌륭한 리더가 되려면 특정한 자질이 필요하단다. 내가 너에게서 발견하는 것과 같은 자질들 말이야. 최고의 지도자는 최고의 일원이 되는 것에서부터 출발한단다. 사병에서 출발해 장교까지 된 사람들이 그런 예에 속하지. 처음에는 듣고, 배우고, 명령에 충실하다가 점차 높은 계급으로 올라갔겠지. 진정한 리더는 다른 사람들의 말을 들을 줄 알아야 해. 또한 미래상을 선명하고 현실적인 그림으로 그려낼 줄도 알아야 하지. 말은 쉽지. 나도 안다. 그렇기에 훌륭한 지도자가 드문 것 아니겠니?

내 친구 중에는 꽤 성공한, 괜찮은 리더가 한 사람 있단다. 모두들 그를 '피터 박사'라고 부르지. 그 친구가 예전에 내게 리더와 매니저와의 차이를 비교하는 표를 보여 준 적이 있단다. 내가 그 복사본을 늘 갖고 다니는데 한번 볼래?"

로이는 서류가방을 열더니 종이 한 장을 꺼내 오스카에게 건넸다.

매니저	리더
상황을 있는 그대로 본다	상황의 가능성을 본다
일방 커뮤니케이션	쌍방 커뮤니케이션
과정 계발	인간 계발
일을 올바로 하자	옳은 일을 하자
침체	소생, 성장
통치 중시	관계 중시
방향 제시	자유와 창의성 중시
패러다임 추종	패러다임의 전환 추구
제한된 시야	넓은 시야
효율 중시	효과 중시
종속되려고 애쓴다	따라잡으려고 애쓴다
사실 중시	개념 중시
현실 중시	가능성 중시
능력을 위임한다	권한을 부여한다
주어진 조건하에서 일한다	조건을 계발하려고 노력한다
구조 중시	융통성 중시
받아들인다	믿고 맡긴다
안정성 추구	과도기성 혼란은 적극적으로 수용

"제가 제대로 이해했는지 한번 정리해 볼게요."

오스카가 말했다.

"리더는 큰 그림을 보고 그 그림을 다른 사람들과 함께 나눌 수 있으며, 다른 사람들을 성공으로 이끄는 특별한 재주가 있는 사람들이다. 어때요?"

"맞다!"

로이가 밝게 미소를 지었다.

"리더십의 기본을 예리하게 간파하다니 정말 기쁘구나."

"아저씨처럼 훌륭한 선생님에게서 배운다면 쉬운 일이죠."

오스카가 응답했다.

"이제 리더가 해야 할 일을 알겠어요. 그런데 리더가 되려면 성격적인 면에서는 어떤 요소가 필요하죠? 제게 어떤 자질이 있는지 궁금해서요."

"오스카, 너에게는 분명 리더 자질이 있단다."

로이가 그의 제자를 격려했다.

"리더는 어느 지역, 어느 환경에서든 배출될 수 있단다. 리더가 될 사람은 어떤 조직에 속하든 리더의 위치까지 올라가기 마련이야. 그리고 모든 리더는 공통적으로 다섯 가지 특성을 갖고 있단다."

1. 긍정적인 태도
2. 모든 사람의 목표에 대한 관심
3. 일관성
4. 목표를 분명하게 설정하는 능력
5. 다른 사람들에게 권한을 부여해 목표를 달성할 수 있도록 만드는 능력

"위의 다섯 가지 특성만 갖춘다면, 의도가 좋건 나쁘건 간에 무슨 일이든 할 수 있단다. 찰스 맨슨이나 히틀러도 그런 면에서는 훌륭한 리더였던 셈이지. 말로 다 못할 정도로 나쁜 일들을 저지르도록 사람들을 충동질했던 게 문제지. 그렇지만 좋은 예도 많단다. 몇 명만 예로 들어볼까? 에이브러햄 링컨, 루즈벨트 대통령, 테레사 수녀, 마거릿 대처 그리고 지난 시즌에 우승한 야구팀의 구단주 등등 우리 주변에서도 찾을 수 있어."

멘토의 설명이 계속 이어졌다.

"오스카, 나는 네가 너의 재능을 십분 활용해서 사람들을 좋은 방향으로 이끌었으면 한다. 반드시 좋은 결과가 뒤따를 거다. 우리 아버지는 이렇게 말씀하셨지. '다른 사람들이 네 뒤를 따르길 바란다면, 배 뒤쪽을 향해 움직여서는 안 된다.'"

멘토가 살짝 웃으며 말했다.

"여기에서 네가 명심해야 할 또 하나의 교훈이 있다."

그는 또 한 장의 카드를 꺼내 오스카에게 내밀었다.

리더는 비전을 창조하고, 모범을 보이며,
사람들에게 권한을 부여해 목표를 성취하게 한다.
LEADERS create the vision, set the example,
and empower others to help make it happen.

"나도 젊었을 때 대기업에서 일한 적이 있단다."

로이가 자신의 경험담을 이야기하기 시작했다.

"가끔 회사 간부들이 우리가 일하는 창고에 찾아와 둘러보고 가곤 했어. 그들은 아무 말 없이 지나가면서 눈이 마주치는 직원들에게 고개를 끄덕여 보이고는 다른 쪽 문으로 걸어 나갔지. 그러면 사람들은 방금 전에 걸어가며 고개를 끄덕인 그 '양복 무리'가 뿜어낸 아드레날린으로 인해 완전히 들뜨곤 했단다."

"설마, 그 정도였을라고요?"

오스카가 반문했다.

"그러게 말이다. 하지만 고작 그 정도의 인사만으로도 직원들

리더는 비전을 창조하고,
모범을 보이며,
사람들에게 권한을 부여해
목표를 성취하게 한다.

LEADERS create the vision, set the example,
and empower others to help make it happen.

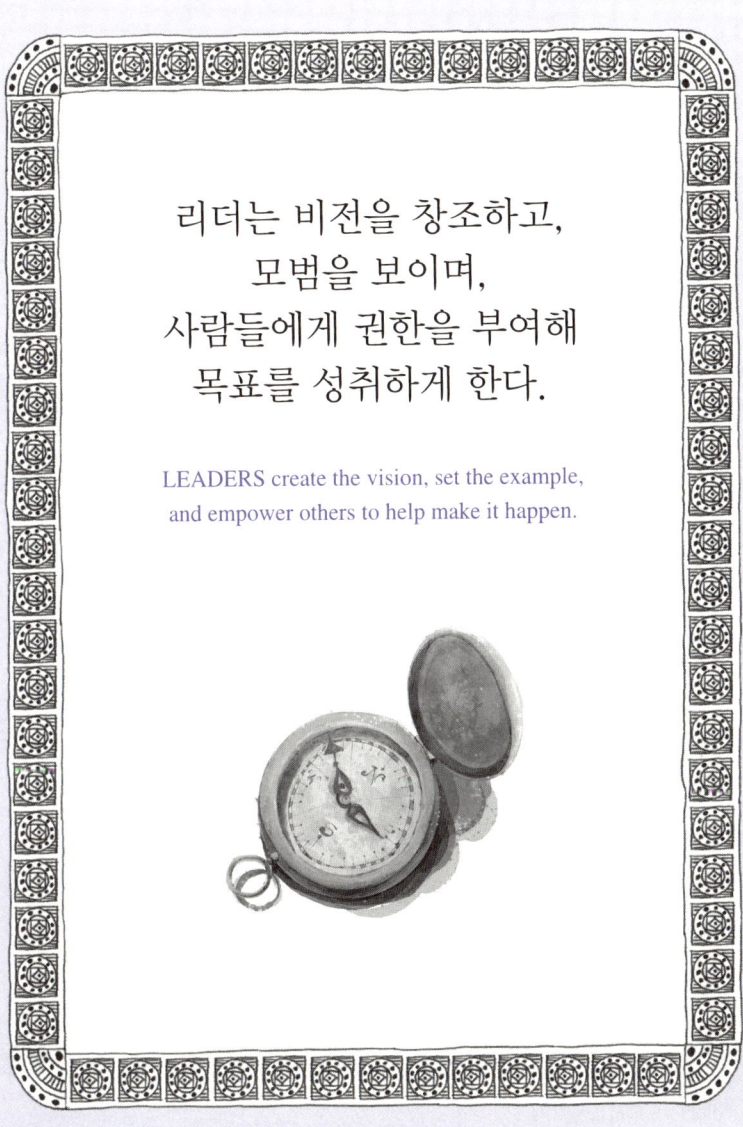

의 생산성은 크게 증가했지. 그 회사에는 여섯 달에 한 번씩 치렀던 또 다른 의식이 있었는데, 바로 '회장님 훈화'라고 불리는 일종의 강연회였단다. 모든 부서의 간부들이 회의실에 모이면 회사의 회장, 즉 우리의 리더가 들어왔다.

그는 회사가 어떻게 운영되고 있는지를 얘기해 주고, 몇몇 부서의 성공을 축하하며 직원들의 마음속에 회사가 앞으로 나아갈 방향을 그려 주곤 했지. 우리에게 맞춰야 할 과녁을 선사해 준 셈이야. 그리고 그는 우리에게 그의 비전을 성취하는 데 협력해 줄 것을 부탁했지. 강연회가 끝나고 나가기 전에는 회사의 목표를 복사해 각 부서장들에게 나눠 주었고, 개개인 모두에게 회사의 비전을 지지해 주는 데 대한 감사도 표했단다."

로이는 그 당시를 생각하는 듯 잠시 눈을 감았다.

"정말 우리에게는 가슴 벅찬 경험이었지. 그런 모임이 있고 나면 우리는 전부 흥분해서 자기가 맡은 일을 척척 해냈단다. 이러한 열기는 대체로 몇 달 동안, 혹은 간부들이 과녁을 잊어버릴 때까지 지속됐어. 이후 나는 항상 내 자신에게 말했지. '내가 회사를 운영하게 되면, 나는 매달 그런 모임을 만들어 직원들의 능률을 최대한 높여야지. 그리고 그들이 과녁을 맞힐 때마다 매번 그에 따른 상을 줄 테다!' 하고 말이야."

"오늘날까지 나는……."

로이는 잠시 숨을 고르더니 말을 이었다.

"다른 사람들과 정보를 공유하면 그들도 나와 정보를 공유한다는 신념을 버리지 않고 있단다. 내가 전에 말했듯이, 사람들은 목표를 좋아해. 그리고 그것을 향해 나아가는 가운데 계속해서 새로운 정보나 갱신된 목표를 알려 주면 그들은 목표의식을 더욱 확고히 다지게 되고, 자신들이 하찮은 부속품이 아니라 최종 결과를 만드는 중요한 역할을 담당한다는 자부심도 갖게 되지.

정기적인 정보 갱신은 리더 자신에게도 도움이 된다. 그래야 리더도 자신의 비전이 성취 가능한 것인지 아닌지, 다른 사람들이 따를지 안 따를지를 판가름할 수 있지 않겠니? 이렇게 하면 분명 너를 따르는 사람들이 줄을 설 거다. 왜냐하면 그들은 스스로 무언가 중요한 일의 일부가 된 것처럼 느낄 테니까."

로이는 오스카에게 또 다른 카드를 주었다.

아이디어와 정보를 아낌없이 공유하라.
Share ideas and information generously.

오스카의 얼굴이 밝아졌다.

아이디어와 정보를
아낌없이 공유하라.

Share ideas and information generously.

"정말 굉장한데요!"

감격한 말투다.

"단지 정보와 아이디어를 공유하며 의사 결정에 참여시키는 것만으로 직원들에게 존중의 뜻을 표하는 셈이 되고, 그로써 직원들은 리더의 든든한 뒷받침이 되어 주니 말이에요. 그들은 소속감을 느낄 테고, 리더가 그리는 큰 그림의 일부가 된 느낌을 갖게 될 거고, 더 이상 얼굴도 없는 직원이라고 생각하지 않을 테니 참 좋은 일이네요."

"바로 그런 원리란다."

로이가 만족스러운 듯 답했다.

"역사를 한번 되돌아보렴. 번창하는 시기엔 모든 사람들이 함께 성공을 누리지. 그러다 위기가 닥치면 사람들은 공동의 목표를 위해 단결하게 되지. 옛말에 이런 말이 있지. '사람들은 돈보다는 대의를 위해 움직인다.'"

"음, 그 말에 반대할 수는 없겠네요. 아저씨."

오스카가 말을 하려 하자, 로이가 갑자기 질문을 던지며 말을 잘랐다.

"만 달러를 줄 테니 내가 네 가슴에 총을 쏴도 되겠니?"

"아니, 안 되죠!"

오스카가 눈을 휘둥그렇게 뜨며 로이에게 대답했다.

"그럼 갑자기 누군가가 들어오더니 저기 구석 자리의 아이에게 총을 겨눈다면, 그 총알을 막기 위해 네 몸을 던질 수 있겠니?"

로이가 다른 테이블에서 초콜릿 시럽을 핥고 있는 갈색 머리의 꼬마를 가리켰다.

"특히 저 아이가 네 아들이라면?"

"물론 그래야죠."

"거 봐라."

로이가 미소를 지으며 뭔가 대단한 것을 보여 주듯 양손을 펴 보이며 말했다.

"조금 극단적인 예였지만, 그래도 사람들이 돈보다는 대의를 위해 움직인다는 것을 확실하게 입증해 보이지 않았니?"

오스카는 '졌습니다.' 하는 듯한 표정으로 로이를 쳐다보았다.

잠시 후 오스카가 다시 물었다.

"그런데 이런 지식을 제가 다른 사람들을 지도하는 데 활용하려면 어떻게 해야 하죠?"

"간단하다. 목표를 유지하는 것은 매니저의 일이야. 하지만 비전이나 대의명분을 세우는 것은 리더의 책임이지. 물론 만약 네가 작은 회사를 운영한다면, 그 두 가지 역할을 다 수행해야 하고 말이야."

로이는 슬러시를 입으로 가져가며 기대에 찬 눈빛으로 오스카를 바라보았다.

"잠깐만요, 그러니까……."

오스카가 자세를 바로잡아 앉으며 이야기를 시작했다.

"조금씩 이해되는 것 같은데요. 그러니까 제가 만약 리더로서 새로 주어진 직책을 맡는다면, 최소한 목표를 설정하는 것은 꼭 해야겠군요. 제가 맡은 지점의 비전을 밝힘으로써 직원들을 고무하고, 그들이 회사에서 가장 생산적이고 효율적이며 전문적인 세일즈맨이 되는 큰 뜻을 이룰 수 있도록 해야 되고요. 그리고 직원들이 계속해서 신기록을 달성할 수 있도록 자극해서 다른 지점에서 본받고 싶어 할 만한 지점을 만들면 되겠군요."

"훌륭하구나!"

로이가 오스카를 칭찬해 주었다.

"그러면 직원들은 어떻게 될까?"

"지점의 전 직원은 성장하는 즐거움을 맛볼 거예요. 또 비전을 공유하면 자신의 성공에만 관심 있는 이기적인 직원들은 저절로 걸러지게 되고, 진정한 팀원들만 남게 되겠죠. 게다가 전체의 목표 또는 대의, 즉 최고가 되는 데 이바지하기 위해 각자 자신만의 목표도 세우기 시작하겠죠."

"오스카, 내가 한 말을 이렇게 금방 이해하는 걸 보니 나도 무척 기쁘구나."

미소 띤 얼굴로 사업가가 말을 이었다.

"그런데 한 가지, 주의 사항이 있단다."

"뭔데요?"

오스카가 걱정스런 얼굴로 물었다.

"너는 반드시, '반드시'를 기억하렴. 일이 잘 풀리지 않을 때 필연적으로 발생하는 변화 앞에서 평정을 잃어서는 안 된다. '만약의 경우'를 말하는 게 아니다. 그런 시기는 필연적으로 따르기 마련이다. 삶이란 원래 그런 거란다. 진정한 인물상은 바로 그런 장애를 어떻게 다루느냐 하는 데서 나타나는 거지."

로이는 오스카에게 카드 한 장을 또 건네주었다.

어려운 시기에 그 시련을 극복하는 방법을 보면
리더를 파악할 수 있다.
The true measure of all great leaders is how well they
weather the storms.

어려운 시기에
그 시련을 극복하는 방법을 보면
리더를 파악할 수 있다.

The true measure of all great leaders is
how well they weather the storms.

"기억하렴, 오스카. 나이팅게일은 이렇게 말했단다. '자신을 지배하는 가장 큰 생각이 결국 자신을 만든다.' 스스로를 밝고 자신감 넘치는, 성공한 인물로 생각하면, 우리는 정말 그렇게 된단다. 그리고 물론 반대의 경우도 마찬가지지. 내가 세일즈 매니저로 일했던 회사가 위기를 맞이한 적이 있단다. 그때 우리 부서 직원 가운데 나보다 나이도 많고 매사 현명했던 사람이 이렇게 말하더구나. '당신은 배의 선장이다. 다른 사람들이 당신 눈에서 두려움을 발견하지 못하도록 하라. 그렇지 않으면 그들은 공포심에 빠져 배에서 뛰어내릴지도 모른다.' 그 말은 정말 사실이었어. 그 후 나는 그 말을 늘 마음속에 새기고 있단다."

"흠."

오스카가 고개를 끄덕이며 소리를 냈다.

"어떻게 생겼는지 알 수 없는 구멍들 사이로 물이 들어와 서서히 가라앉고 있는 배를 한번 생각해 보자. 선장이 당황해서 미친 듯이 뛰어다니고 있다면, 다른 선원들 또한 그렇게 할 것이다. 내 말이 틀림없단다. 모든 일이 마음대로 잘 풀릴 때는 올바른 일을 하며 긍정적인 자세로 즐겁게 일에 몰두하는 게 쉽지. 하지만 불경기 때나 어쨌든 일이 잘 안 풀리기 시작하면, 그제야 사람들의 진면목이 드러나기 시작하는 법이다. 이런 상황을 가장 잘 표현하고 있는

명언 중 하나를 보여 주마."

로이는 오스카에게 또 다른 카드를 건네며 말을 맺었다.

잘 나가던 시절 100일간의 모습보다
그렇지 않은 시절 단 하루를 보면
그 사람의 됨됨이를 더 잘 알 수 있다.
We learn more about the character of people on one OFF day,
than on all their ON days put together.

"내 경험을 돌아보니까, 힘든 시절에는 정신 차리려고 마음먹는 데에서만 그쳐서는 안 되더구나. 직접 긍정적이고 적극적으로 행동하는 게 훨씬 더 효과가 있다는 얘기다. 그러면 자신이 할 수 있는 최상의 마음가짐으로 당면한 상황을 해결하게 되지. 그런 정신이 바로 '진짜가 될 때까지 진짜인 척하라.'는 식의 정신 아니겠니?"

"맞아요. 아저씨가 늘 하시는 대답도 그거잖아요. '언제나 좋아요.'"

"그래, 바로 그거야!"

로이는 오스카의 이야기에 맞장구를 쳐주며 다시 입을 열었다.

"실제로는 아니더라도 스스로 혹은 다른 사람들에게 지금 정말

잘 나가던 시절 100일간의 모습보다
그렇지 않은 시절 단 하루를 보면
그 사람의 됨됨이를 더 잘 알 수 있다.

We learn more about the character of
people on one OFF day,
than on all their ON days put together.

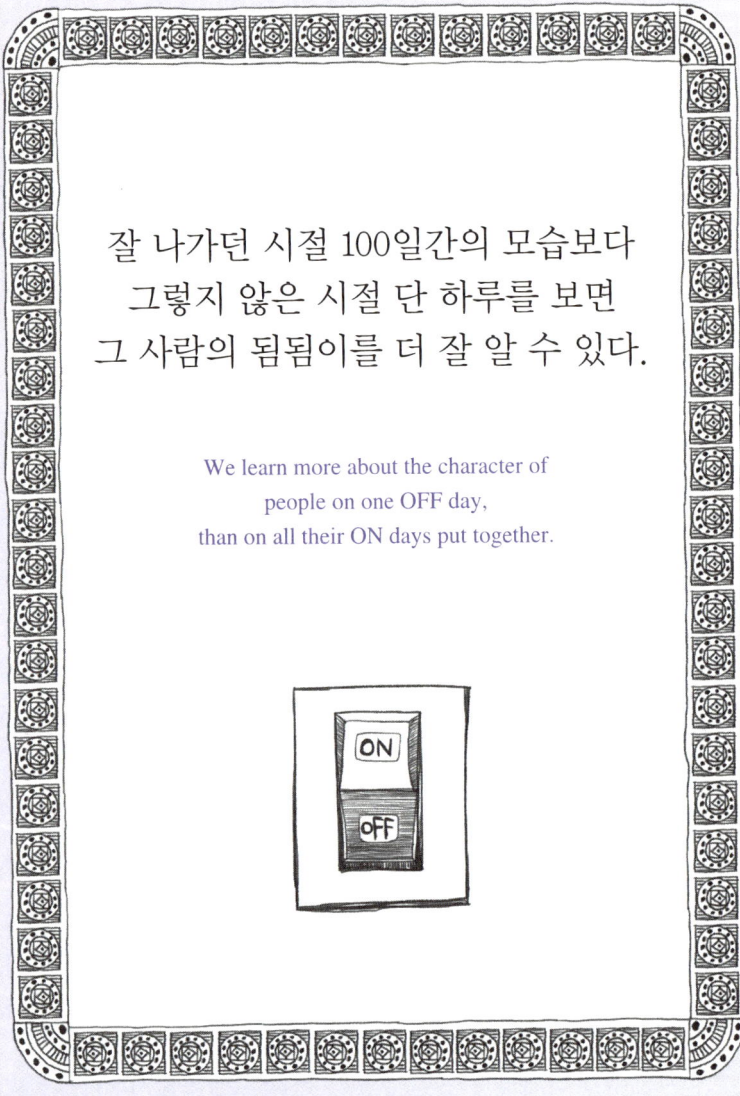

잘하고 있다고 계속해서 말하면, 머지않아 우리는 정말로 '언제나 좋아요.'라고 말할 수 있게 된단다."

"정말 그런 거 같아요. 그런데 만약 사람들이 제가 설정한 비전이 절대로 이루어지지 않을 거라고 말한다면 어떻게 해야 하죠? 또 누군가가 '우리는 지금껏 이러이러한 식으로 잘 해왔다. 그런데 왜 또 다른 문제를 만들려고 하느냐?'라고 반박하면 어쩌죠?"

오스카가 의문을 제기했다.

"오스카, 내 말 잘 들어라. 세상에서 가장 큰 대가를 치르게 만드는 것이 바로 부정적인 태도란다. 자, 이 충고는 오래전에 내가 누군가에게서 들은 말인데, 나는 지금까지 이 말을 마음속에 새기며 살아왔지."

그는 테이블 위로 카드 한 장을 내밀었다.

매사 부정적인 사람을 피하라.
Avoid people who have negative attitudes.

"매사 부정적으로 생각하는 사람은 피해야 한다. 그런 사람들은 네 기운만 빼놓기 때문이지."

매사 부정적인 사람을 피하라.

Avoid people who have negative attitudes.

멘토가 말했다.

"다른 사람들이 긍정적으로 생각하는 사안에 대해서도 비관적이거나 불평하는 사람을 말하는 거야. 그런 사람은 좋은 말이라고는 거의 안 하지. 어떤 사람을 말하는지 알겠지?"

"물론이죠."

오스카가 동의했다.

"내가 처음 세일즈맨이 되었을 때 가족과 친구들에게 이렇게 말했던 것이 기억나는구나. '나는 볼펜을 팔아서 일주일에 천 달러씩 벌 거예요.'"

로이가 자신의 일화를 들려주었다.

"모두가 날 비웃으며 어서 빨리 '제대로 된' 직업이나 찾으라고 했어. 그들은 내가 절대로 못 할 거라고 했지. 너도 그런 말을 들어 본 적 있지 않니?"

"당연하죠. 누군들 없겠어요."

오스카가 씩 웃으며 대답했다.

"하지만 그때든 지금이든 나는 항상 새로운 아이디어를 고민하고 일에 도전하지. 계속해서 여러 사람들에게 내 계획에 대해 말했던 거야. 그랬더니 나중에는 주위 사람들이 '열심히 해보렴.' 하고 말해 주었고, 일이 잘 되도록 조언해 주는 사람도 만나게 되었어. 그분은 내게 그 분야에서 '해야 할 것'과 '하지 말아야 할 것'을 가르쳐 주셨어. 알잖니, '긍정적인' 비평 말이다. 그게 얼마나 큰 차이인데! 그 순간 나는 깨달았단다. 내가 새로운 아이디어에 도전할 때마다 나에게 필요한 사람은 나의 열정에 공감해 주는 사람이었던 거야. 적어도 내 목표를 이루기 위해 길잡이를 제시해 주는 사람을 찾을 필요가 있다는 걸 깨달은 거지."

"이것도 '조개 열어 보기'와 일맥상통하네요."

오스카가 끼어들며 말했다.

"맞아, 내가 '이봐, 나 지금 이런 일을 하려고 생각 중이야.'라고 말했을 때 '괜한 일 벌이지 마. 그게 가능이나 하겠어?' 하는 반응이 나오면, 나는 속으로 생각한단다. '그래 좋아, 조개 하나가 날아갔구나. 진주도 지혜도 없는 조개로군!' 하고 말이다. 그러고 나서 나는 다음 기회, 그 다음 기회, 또 그 다음 기회를 노린단다. 마침내 내가 찾고 있던 것을 발견할 때까지 말이다. 그건 그렇고, 얼마 지나지 않아 우리 부모님은 친구분들께 나를 소개할 때면 '볼펜 세일즈맨'이라 불렀고, 당신들의 아들이자 동시에 당신들의 '작은 성공 신화'라고 자랑까지 하시곤 했지."

"저도 아저씨의 도움을 받아 언젠가는 아저씨처럼 성공하고 싶어요."

오스카가 로이를 보며 말했다.

"넌 해낼 거다. 직감으로 알 수 있지."

로이가 말했다.

"다른 사람이 너의 한계에 대해 이러쿵저러쿵 떠들도록 내버려 두지 마라. 긍정적인 태도만 있으면 우리가 못 할 일은 아무것도 없단다. 조금 모자란 듯 이룬다 하더라도 우리는 기대 이상을 해냈다는 데 대해 여전히 긍지를 가질 수 있지. 오프라 윈프리가 전례 없이 부유한 여성이 될 거란 걸 누가 예상했겠니? 빌 게이츠가 일상을 바꾸어 놓을 만한 컴퓨터 제국을 창조할 거라고 누가 상상했겠어? 만약 모든 사람들이 비관론자들이나 어두운 미래만을 예측하는 사람들의 말에만 귀를 기울인다면, 이 세상은 지금과는 전혀 다른 모습일 거다. 네 신념대로, 네 꿈대로 행동해라. 오직 너 자신만이 네가 성취하고 싶은 게 무엇인지를 아는 거란다."

로이는 말을 마치고, 카드 한 장을 꺼내 크게 읽고는 오스카에게 건네주었다.

긍정적인 태도만큼 강력한 것은 없다.
There is nothing as POWERFUL as a POSITIVE ATTITUDE.

"고맙습니다, 아저씨."

오스카는 이렇게 말하며, 손목시계를 흘끗 보았다.

"한 가지 더!"

멘토는 오스카의 손목을 잡고, 오스카가 승진 기념으로 받은 손목시계를 살짝 덮으며 말했다.

"이것은 굉장히 중요하지만 극히 일부의 사람들만이 실천하는 거란다."

로이는 냅킨 위에 딱 한 문장을 적었다.

네가 얻은 것의 일부를 돌려주어라.
GIVE BACK.

"오스카, 만약 내가 너에게 20달러를 준다면 너는 그 대신 내게 5달러를 되돌려줄 수 있겠니? 다시 말해, 너의 수입 중 일부를 기꺼이 양보할 수 있겠니?"

"물론이죠."

오스카가 대답했다.

"다행이구나. 이제 널 관대한 사람이라고 말해도 되겠다. 승리자가 될 기미가 보이는구나."

네가 얻은 것의 일부를 돌려주어라.

GIVE BACK.

로이가 미소를 지었다.

"네가 좀 서두르는 것 같으니, 간단히 얘기하마. 그러나 정말 중요한 이야기란다."

"아저씨의 모든 이야기가 다 중요해요. 그리고 다른 어떤 것보다 중요하니까 모두 이야기해 주세요."

오스카의 말을 들은 로이는 그에게 미소로 화답하고는 다음 이야기를 꺼냈다.

"우리가 이미 논의했듯이, 리더는 어떤 대의를 내세우든지 간에 그를 따르는 사람들이 자기들도 그 대의를 따르면 이롭다고 느끼도록 만들어야 한다."

"우리 회사에서 '고객의 기반을 늘려 수익을 높이자.'는 임무를 만든 적이 있단다. 우리 앞에 바로 과녁을 세워놓았던 셈이지. 나는 '그린 클럽'이라는 프로그램을 고안해 냈단다. '그린 클럽'에 가입하려면 세일즈맨은 7주 연속 주당 평균 5,000달러의 매출을 올려야 하고, 열 명의 새로운 고객을 유치해야 했단다. 물론 7주 후에 새로운 7주가 시작되는 게 아니라 매주 일곱 번째 주가 시작되는 방식이지. 그들이 목표를 달성하면, 회사는 영업 수당 외에 매주 매출 5퍼센트에 해당하는 상금을 포상으로 지급했단다. 돌려주는 거지.

우리는 항상 실적표를 붙여놓기 때문에 직원들은 매주 평균을 유지하거나, 혹은 평균을 높이려면 얼마나 더 팔고 얼마나 더 많은 고객을 유치해야 하는지를 알 수 있지. 이런 식의 연속 평균은 '걸음마' 이론의 좋은 본보기란다. 그저 7주 전보다 조금만 더 잘하면 평균을 올릴 수 있으니까 말이다. 무엇보다도 좋은 것은 우리 모두 맞춰야 할 과녁의 중심을 절대로 머릿속에서 잃어버리지 않는다는 거지.

이 프로그램을 실시하기 전에 사원들은 매주 평균 3,500에서 4,000달러 정도의 매출을 올렸고, 약 세 명 정도의 새로운 고객을 유치했단다. 그 이유는 간단하다. 그 정도가 그들 스스로 달성 가능한 목표라고 설정해 두었기 때문이지. 게다가 그 평균치를 올린다고 인센티브가 생기는 것도 아니었지. 먹고 사는 데 지장 없는데 왜 자신을 채찍질하겠어?"

"그러니까 그 사람들이 현실에 안주하고 있었다는 말씀이죠?" 오스카가 물었다.

"그래, 그래서 우리 모두 다 더 잘할 수 있다는 점을 상기시켜 줄 필요가 있었던 거지. 새로운 임무이자 과녁을 그들 앞에 세우고 포상 프로그램을 시작한 지 4주 만에 직원의 절반이 새로운 평균에 도달했단다. 우리는 공개적으로 그들의 성과를 축하하며 포상금을 지불했지. 그렇게 그들의 업적을 인정해 주니까 그들은 성공을 이어나가려고 더욱더 노력하게 되었어. '손실에 대한 두려움'도 작용했단다. 보너스로 지급되는 포상금을 놓치고 싶은 사람은 아무도 없었고, 클럽에서 제외되고 싶지도 않았던 거지. 그 계획이 불러온 또 다른 혜택이 있다면, 모든 세일즈맨들이 회사의 성장을 지켜보며 즐거워하게 되었다는 점이야."

로이가 숨을 고른 뒤 말을 덧붙였다.

"효과는 계속 눈덩이처럼 불어났지. 고객 기반이 확대되면서 새로운 고객들이 더 많은 수익을 안겨 주었지. 그리고 새로운 수익을 누리게 되면서부터 직원들은 보다 더 많은 수익을 안겨줄 더 많은 고객을 확보하고 싶어 했단다. 이해가 되지?"

"네, 그리고 직원들이 갈수록 많은 거래를 성사시켰기 때문에 회사로서는 그에 대한 포상금을 지급하는 일이 전혀 부담스럽지 않았겠네요."

오스카는 만족스러운 미소를 지어 보이며 말했다.

"물론이지."

로이가 밝게 미소를 지었다.

"포상금이 부담스러울 일은 전혀 없지. 증가된 매출의 일부를 돌려주는 것이니까 말이야. 프로그램 시행 1년 만에 고객은 두 배로 늘어났고, 그에 따라 수익도 급격히 늘어났단다. 자, 생각해 보렴. 일주일에 평균 3,500에서 4,000달러 매출을 기록하던 직원들이 5,000달러가량의 매출을 기록하게 되었으니, 매출은 증가하고 회사는 그에 따라 이익도 늘었지. 그리고 우리는 그 이익의 일부를 포상금으로 지급함으로써 나누어 가졌단다. 직원들은 기뻐했고, 그들을 보면서 우리 또한 그랬단다. 심지어 포상금을 지급하고도 순익은 매출 대비 15퍼센트나 증가했단다. 또한 엄청난 수의 새로운 고객까지 생겼다는 점을 고려하면 이거야말로 '윈-윈' 관계 아니겠니?"

"정말 굉장하네요."

오스카가 로이에게 말했다.

"그런데 만약 사람들이 그 단계에서 안주하고 더 이상 발전이 없으면 어떻게 하죠?"

"오스카, 넌 정말 학습 효과가 금방 나타나는구나."

로이가 감탄하며 말했다.

"그래서 우리는 또 하나의 새로운 프로그램으로 '프레지던트 클럽'을 만들었단다. 이 클럽에 가입하려면 연속 7주간 주당 평균 8,000달러 매출을 올려야 하고, 매주 열 명의 새로운 고객을 유치해야 한단다. 이걸 만족시키면 회사에서는 800달러 이내에서 해당

사원의 집세를 대준단다. 5,000달러 매출에 포상금으로 지급하던 5퍼센트까지 없애서 말이다. 자, 그럼 회사 측에서는 다소 부담스러워지지 않았을까?"

"전혀 그렇지 않겠죠."

오스카가 큰 소리로 대답했다.

"제대로 맞혔다. 네가 사람들에게 보다 나은 삶을 살 수 있는 기회를 제공하고, 실제로 그렇게 될 때까지 그들을 격려할 수 있다면, 매일매일 직장에 나가는 것이 즐거울 거다. 너는 그들이 어떻게 하고 있는지 보고 싶어질 거고, 게다가 동시에 네 꿈에도 더 가까워지고 있다는 것을 알게 될 거야.

자, 그럼 오늘의 대화를 요약해 보자. 먼저 훌륭한 리더가 되어야 한다. 인정을 받아야 할 공로는 반드시 인정해 주고, 언제나 일정 부분을 돌려주어야 한다. 부를 함께 나누고 창조적이어야 한다. 직원들이 각자 현재보다 나아지고 있다는 느낌을 가질 수 있도록 해야 한다. 그리고 마지막으로…… 원하는 것을 얻으려면, 먼저 다른 사람들이 원하는 것을 얻도록 도와주어야 한다. 잘 알겠지?"

오스카는 그가 배운 교훈을 떠올리며 사무실에서 커피를 마시며 매출 현황을 훑어보고 있었다. 그런데 갑자기 복도에서 목청이 찢어질 듯 외치는 고함소리가 들려왔다.

"오스카! 파일 보관실로! 어서!"

사장인 마크 씨가 소리를 지르고 있었다.

오스카는 책상 위의 서류와 자신의 무릎에 커피를 쏟으며 뛰어나갔다. 그는 뜨거운 커피 때문에 허벅지가 데인 것도 잊고 쏜살같이 복도를 달려갔다. 마크 사장이 파일 정리함 앞에 서서 고개를 가로젓고 있었다.

"무슨 일이십니까?"

오스카가 기어들어가는 목소리로 물었다.

"오스카!"

사장은 오스카에게 고개를 돌리며 호통을 쳤다.

"도대체 왜 아무도 여기서 파일을 찾지 못하는지 이유를 말해 주겠나? 모든 부서가 서로 다른 체계를 쓰는데다 사연도 제각각이다 보니 이거야, 원. 나는 필요할 때마다 바로 파일을 찾고 싶단 말일세."

"제가 처리하겠습니다."

오스카가 파일 보관실을 빠져나가는 사장에게 말했다.

다시 사무실로 돌아온 오스카는 그 많은 파일을 어떻게 정리해야 할지 도무지 묘안이 떠오르지 않았다. 잠시 생각에 잠겨 있던 오스카에게 좋은 아이디어가 떠올랐다. 그는 자신의 서류 가방을 뒤

지더니 몇 년 전에 로이가 자신에게 주었던 카드 한 장을 꺼냈다.

위임을 통해 권한을 부여하라.
EMPOWER through DELEGATION.

그는 카드를 읽으며 해답을 찾았다는 생각이 들었다.

오스카는 서둘러 인력계발부로 달려가 특별한 임무를 맡아 줄 책임자를 찾는다고 말했다. 파일 정리라는 임무 말이다. 오스카의 말을 들은 인력계발부의 부장인 레이첼 게일은 한참을 웃더니 컴퓨터로 직원들의 이력서 파일을 보여 주었다. 오스카가 지켜보는 가운데 그녀는 검색창에 '데이터 관리'라고 치더니 그 임무에 적합한 세 명을 추려냈다.

오스카는 마치 그들에게 최고의 기회를 선사하듯 세 명의 직원을 모두 만나 보았다. 물론 아직 프로젝트의 내용은 말하지 않았다. 그리고 그중 그 임무에 가장 적합하다고 생각되는 메리를 선정하고 그녀를 자신의 사무실로 불렀다.

"메리, 당신이 도와줘야 할 중요한 프로젝트가 하나 있어요."

오스카는 이렇게 말을 꺼냈다.

"네, 면접 때도 그렇게 말씀하셨어요."

위임을 통해 권한을 부여하라.

EMPOWER through DELEGATION.

메리가 조심스럽게 대답했다.

"그런데 정확히 제가 무슨 일을 하게 되는 건지에 대해서는 언급하지 않으셨습니다."

"바로 이겁니다."

오스카는 자신에 찬 목소리로 대답하면서 액자에 보관해 벽에 걸어둔 카드를 가리켰다. 그 카드는 오스카가 가장 좋아하는 카드였다.

중요한 것은 무슨 일을 하느냐가 아니라, 얼마나 잘하느냐이다.
What is important is how well we perform a task,
not how big it is.

메리는 다소 당황한 표정으로 오스카를 쳐다보았다. 그러자 오스카가 말했다.

"음, 나는 지금 대부분의 사람들이 하찮다고 여길지도 모르는 일을 메리에게 맡기려고 합니다. 메리가 이 일에 가장 적합한 인물이기에 나를 포함해 회사 사람들에게 직접 가르쳐 줬으면 하는 겁니다. 이 프로젝트는 메리의 전문적인 기술이 꼭 필요해요. 도와주시겠습니까?"

중요한 것은
무슨 일을 하느냐가 아니라,
얼마나 잘하느냐이다.

What is important is how well we perform a task,
not how big it is.

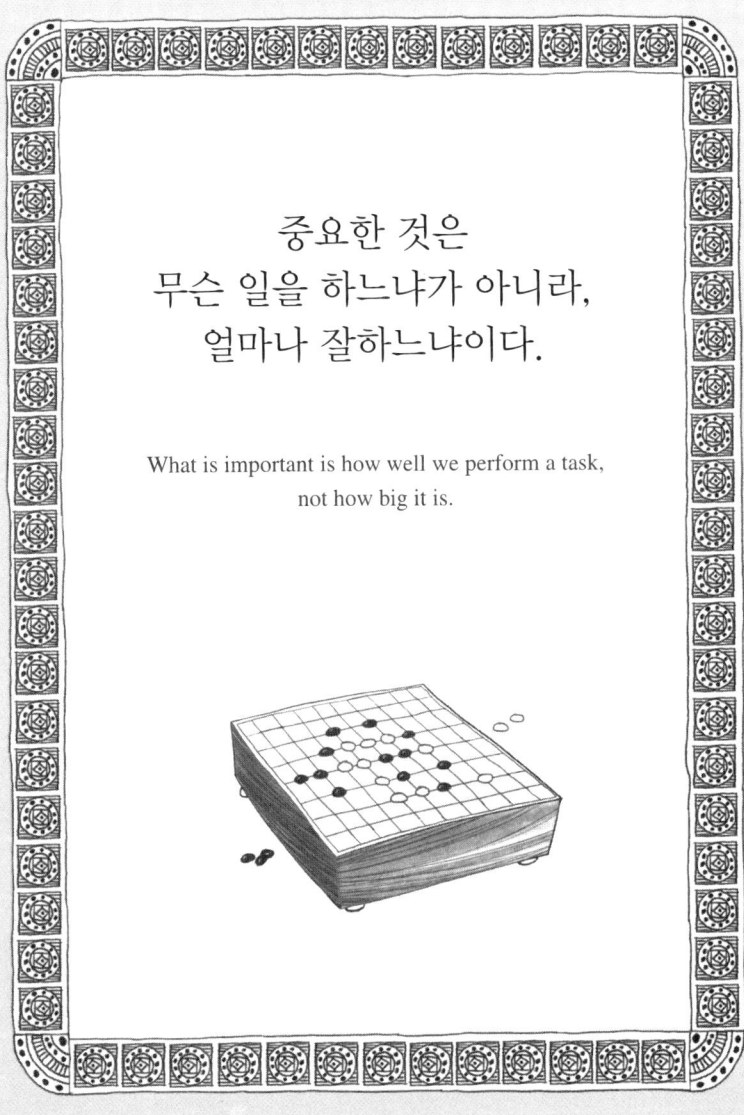

"물론이죠."

그녀가 대답했다.

"그런데 제가 할 일은 뭐죠?"

"지금 당장 모두에게 가서 말합시다."

오스카가 대답하며, 그녀를 직원들이 일하는 곳으로 안내했다.

"모두 주목해 주세요."

오스카가 큰 소리로 외쳤다. 분주한 움직임과 전화벨 소리가 가라앉자 그가 말했다.

"굉장한 소식이 있습니다. 오늘 저는 도전을 받았습니다. 그러나 다행인 것은, 여기 계신 메리 양이 그 도전을 저와 함께 극복하기로 했다는 겁니다. 그 보답으로 저는 여러분이 모두 그녀를 도와주길 부탁드립니다. 여러분을 믿어도 되겠습니까?"

그는 마치 응원단장처럼 힘차게 외쳤다.

"네!"

직원들이 큰 소리로 대답했다.

"좋습니다. 이제 메리 양이 앞으로 하게 될 일을 말씀드리겠습니다."

오스카는 기대에 찬 모습으로 동료들 앞에 서 있는 메리를 향해 고개를 돌리며 말했다.

"파일 정리 문제를 해결해 주십시오."

메리가 창백해지며 '농담이시겠죠?'라는 듯한 표정으로 오스카를 바라보자 곳곳에서 사람들이 낄낄거리고 속삭였다.

"정말입니다. 모두 주목해 주세요."

오스카가 말을 이었다.

"이중에서 자신이 찾아야 할 서류철을 찾지 못한 적이 있는 사람은 손을 들어보기 바랍니다."

사무실에 있던 사람들 대부분의 손이 올라왔다.

"분명히 제자리에 되돌려 놓았는데도, 다음에 찾으려면 그곳에 없지요. 맞습니까?"

더 많은 웃음과 맞장구치는 소리가 들려왔다.

"그래요, 우리는 모두 이런 경험이 있습니다. 이제 메리가 우리를 위해 그 문제를 해결해 줄 겁니다."

"제가요?"

직원들이 더 큰 소리로 웃어대는 가운데 그녀가 물었다.

"물론이죠."

오스카가 그녀에게 말했다.

"메리는 여기 있는 그 누구보다도 데이터 관리 능력이 탁월합니다. 다 조사해 봤습니다. 메리가 파일 정리 문제를 해결해 줄 사람이란 걸 제가 어떻게 알았겠습니까. 게다가 우리가 모두 도와드릴 겁니다. 그럼, 질문부터 하나 하겠습니다. 가장 먼저 우리가 해야 할 일이 무엇이죠?"

메리는 잠시 고민하더니 물었다.

"어떻게 하는 게 모두에게 더 쉬울까요? ABC순으로 할까요, 아니면 번호순으로 할까요?"

직원들은 파일에 이름을 붙여서 성에 따른 ABC순으로 하자는 데 의견을 모았다.

"좋아요."

메리가 열의에 찬 목소리로 답했다.

"여러분, 금요일 오전 10시까지 모든 파일을 제게 보내 주세요. 그래야 한꺼번에 일을 처리할 수 있거든요. 누구 같이 도와주실 분 없나요?"

몇 명이 손을 들었다.

"와! 한 명이면 되는데요."

이렇게 말하며 메리는 자신을 도와줄 사람을 한 명 선택했다.

"훌륭해요."

오스카가 마무리를 지었다.

"금요일 오전까지 모든 파일을 갖다 주는 겁니다. 잊지 맙시다.

그래야 이 두 사람이 대부분의 사람이라면 도망칠 일에 매달릴 수 있겠지요."

직원들은 환호하며 격려의 말들을 쏟아냈다.

"메리, 당신을 믿습니다. 어떻게든 이 체계를 바로잡아 주세요. 이 일에는 당신이 최고입니다."

직원들이 하나둘 흩어지자 오스카가 간절히 말했다.

"그거 아세요?"

오스카가 한창 이야기에 빠져 있는 로이에게 물었다.

"그녀와 그녀의 보조자 톰은 각 부서에 흩어져 있는 모든 캐비닛에서 서류철을 몽땅 다 꺼내, 그들이 고안한 새로운 체계에 맞추어 정리했답니다. 그들은 심지어 파일들의 현 위치를 알 수 있게 해 주는 '체크인/체크아웃' 프로그램까지 내놓았지요. 굉장한 효과가 있었고, 직원들은 대단히 기뻐했죠. 일을 훌륭히 해낸 데 대한 보답으로 제가 두 사람에게 이미 매진되어 구하기 힘든 콘서트 표를 주었어요. 그때 그 두 사람이 얼마나 기뻐하던지……. 그 표정을 아저씨도 봤어야 했는데."

"굉장한 성공을 거둔 것 같구나."

로이가 거들었다.

"그뿐만이 아니에요."

오스카가 기뻐하며 외쳤다.

"사장은 메리가 마련한 파일 정리 체계에 너무나 감명을 받아서, 회사의 모든 부서에 그 체계를 도입하고 메리가 그것을 감독하도록 명령했어요. 그녀가 이 일로 승진했으면 좋겠어요. 누구도 생각지 못한 일이었는데……. 이 모든 것이 가장 단순한 일에서부터 시작됐어요. 카드에 적힌 것처럼, 정말로 무슨 일을 하느냐가 아니라 그 일을 얼마나 잘하느냐에 따라 달라지는 것 같아요."

오스카를 보는 로이의 얼굴에 활짝 미소가 피었다.

"삶의 목표를 바탕으로 꿈을 키우며 노력할 때
잠재력은 발휘되는 것이다."

인생의 목표를 찾아서

"이제 좀 쉬어야겠어요."

오스카는 아이스크림 가게에 올 때마다 앉는 자리에 털썩 앉더니 웃으며 말했다.

"왜 그런 생각을 하게 되었니?"

로이가 물었다.

"이런 기분 아시잖아요. 작년에 승진하고서부터 도무지 아내나 애들을 볼 시간이 안 납니다. 이상한 건 목표도 이루고 사회에서도 성공했는데 뭔가 허전해요. 별로 이룬 게 없는 것처럼 느껴지거든요. 요즘엔 아저씨가 저를 사업가로 키우신 게 아니라 그저 조직의 '일용품'으로 만드신 게 아닌가 하는 어처구니없는 생각도 들어요."

"그런 말을 들으니 기쁘구나."

로이가 웃으며 대답했다.

"네? 아니, 제가 일용품이 된 게 기쁘다는 건가요, 아니면 제가 쉬어야겠다고 말하는 게 그렇다는 건가요?"

영문을 모르겠다는 듯 오스카가 물었다.

"둘 다 아니란다. 이야기를 들어보니 쉴 것까지는 없겠구나. 너에게 이젠 삶의 목표가 필요한 것 같구나."

"저에겐 이미 목표가 있어요. 아시잖아요. 회사에서 비전을 세워야 하고, 매출 할당량을 달성해야 하고, 분기마다 수익을 올려야 하고……. 그 외에도 얼마든지 많죠."

오스카는 약이 오른 목소리로 반박했다.

"그런 단기간의 목표를 말하는 게 아니라 삶의 목표를 말하는 거란다. 사실 난 네가 지금과 같은 기분이 들길 내내 기다려왔단다."

로이가 엄숙한 목소리로 계속 말했다.

"난 너무 늦게 이 교훈을 깨달았지만, 넌 적절한 시점에 새로운 상황을 필요로 하는 것 같구나. 나보다 더 잘 이해하고 실천할 수 있을 것 같다는 얘기다. 자, 여기 있다."

진정으로 행복을 느낄 때는
남의 기대에 따라 남이 좋아하는 일을 할 때가 아니라
나를 위해 내가 좋아하는 일을 하는 경우다.
I find more enjoyable INVESTING time in
doing what pleases me,
rather then WASTING time inappropriately trying to
please others.

"오스카. 지금 내가 천만 달러를 준다면 남은 평생 일 안 하고 쉴 생각이 있니?"

로이가 물었다. 그 말에 잠시 생각하더니 오스카가 대답했다.

"아뇨, 하지만 지금 제가 하고 있는 일은 바꾸고 싶어요. 제가 직장에서 열심히 일해 부사장이 된 건 자랑스럽고 가슴 벅찬 일이지만, 시간과 기회가 주어진다면 이제는 다른 일을 하고 싶다는 뜻이에요. 이를테면 글 쓰는 일 같은 거요."

"바로 그거야!"

로이는 기다렸다는 듯 검지로 오스카를 가리키면서 계속 말을 이어나갔다.

"나도 마찬가지지만 사람들은 대부분 돈을 벌기 위해 직장을 다

진정으로 행복을 느낄 때는
남의 기대에 따라
남이 좋아하는 일을 할 때가 아니라
나를 위해 내가 좋아하는
일을 하는 경우다.

I find more enjoyable INVESTING time in doing what pleases me,
rather then WASTING time inappropriately trying to please others.

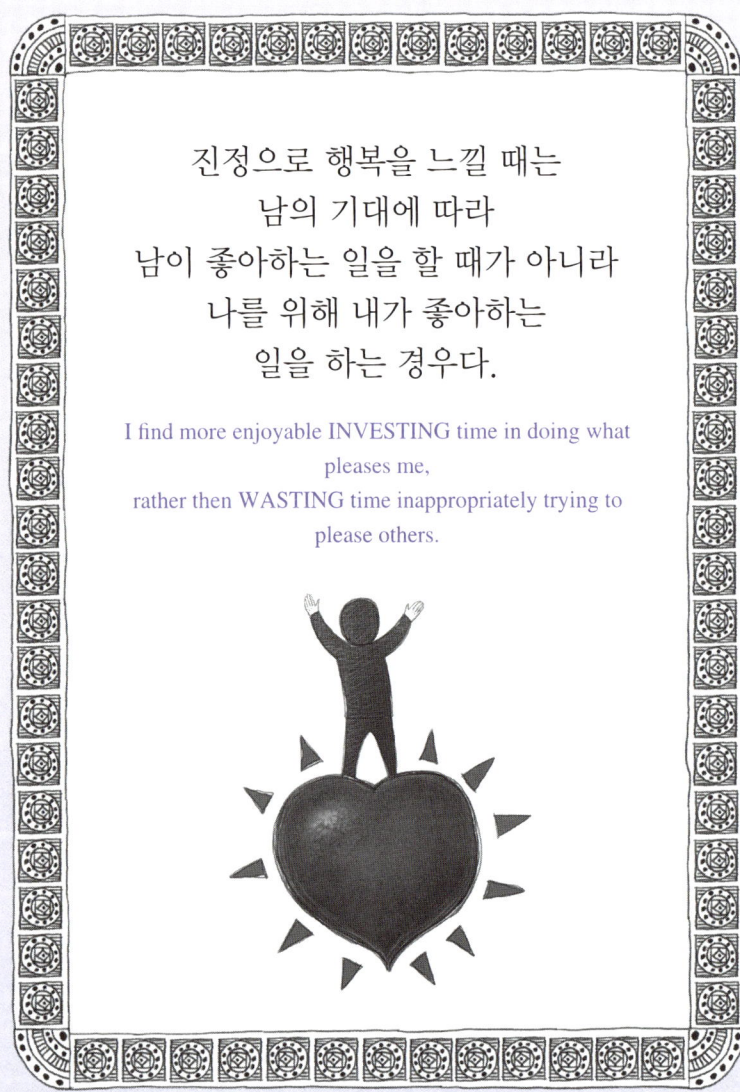

니거나 사업을 하지. 그렇지만 거기에 무슨 삶의 목표 같은 게 있는 건 아니란다. 매일매일 해야 하는 잡다한 일들과 살면서 부딪히는 문제들을 해결하느라 대부분 자신의 마음속에 내재되어 있는 잠재력을 일깨우고 실현시키는 경우가 드물단다. 항상 자신의 꿈을 떠올리고 추구하려고 노력할 때만 그걸 실현시킬 수 있는 건데 말이다. 삶의 목표는 바로 그런 걸 두고 하는 말이지. 이걸 한번 보려무나."

로이는 가방에서 도표가 그려진 종이 한 장을 꺼냈다.

"이건 내가 직접 만든 성공의 단계별 도표란다."

오스카는 도표를 내려다보았다.

"지금부터 직장이나 사업 그리고 더 중요한 인생에서의 진짜 성공의 비결을 알려 줄 테니 잘 들어야 한다. 이 도표의 맨 아래 단계부터 살펴보자꾸나."

멘토가 진지하게 말했다.

성공의 단계별 도표

7. 삶의 목표를 발견하고 몰두하는 단계
6. 성취감을 획득하는 단계
5. 목표를 성취하는 단계
4. 목표를 세우는 단계
3. 물질적 여유를 누리는 단계
2. 인정받고 싶어 하는 단계
1. 기본욕구를 충족시키는 단계

"비결이 또 있나요? 아저씨는 비결이 백만 가지는 되는 것 같군요."

오스카는 피식 웃더니 놀리듯 말했다.

"어서 말씀하세요."

"그런다고 내가 그만둘 것 같니?"

로이는 호탕하게 웃더니 계속 말했다.

"좋아, 시작하지. 살아가면서 누구나 한번쯤은 '무엇 때문에 사는 걸까? 나는 지금 잘하고 있는 걸까? 내 인생의 진정한 목표는 무엇인가?' 하고 곰곰이 생각하게 된단다. 이런 문제에 대한 답을 누가 가장 잘 알고 있을까?"

"자기 자신?"

오스카가 다소 회의적으로 반문했다.

"그래, 바로 맞혔다. 자기 자신, 오직 자신만이 내가 뭘 할 수 있는지, 내 가슴속에서 솟구치는 게 뭔지 알 수 있지. 음, 이제 성공의 피라미드가 어떻게 구성되어 있는지 보자꾸나. 각 단계가 있고, 그 옆에 위로 향한 화살표가 보이지? 제일 아래 단계인 '기본욕구의 충족'에서부터 시작한단다. 살아가기 위해 반드시 필요한 거지. 우리가 사회에 첫발을 내딛을 때 가족이나 사회에서는 우리에게 삶의 목표를 발견하라고 말하지는 않는단다. 그저 사회생활을 하기 위해 직장을 다녀야 한다고만 하지. 그래야만 먹고 살고 집도 사고 차도 사니까. 그게 바로 기본욕구를 충족시킨다는 의미다."

로이는 잠시 멈추더니 아이스크림을 한 입 떠먹었다.

"기본욕구를 충족시키고 나면 '인정받고 싶은 욕구'가 생긴다는 말씀이시죠?"

도표를 힐끗 보면서 오스카가 말했다.

"자신의 일에 대해 정당한 대가나 보수를 받기 위해 직장을 옮기거나 다른 사업을 시작하는 것 등을 말하는 거군요. 그걸 통해 인정받고 싶은 욕구를 채우려고 하는 거구요."

"그렇지."

로이가 짧게 대답했다.

"그런 다음 어느 정도 돈을 벌게 되면 월말에 여윳돈이 생기고, 처음으로 사치품을 사거나 외식 횟수가 빈번해지고 스포츠 마사지를 받거나 고급 양복을 사 입기 시작하지. 바로 물질적 여유를 누리는 단계에 이르게 되는 거지. 일종의 자기욕구 충족 단계라고 볼 수도 있지."

"전 그런 생활이 좋아요."

오스카가 싱글거리며 말했다.

"그래, 넌 벌써 물질적으로 여유 있는 생활을 누리고 있고, 이 단계는 넘어섰단다. 사실 넌 이미 성공의 단계를 거의 대부분 넘어섰단다. 마지막 단계만 빼고 말이야. 그래서 나머지 단계에 대해서 설명하고 싶구나. 네가 성공의 단계별 흐름을 이해했으면 하거든."

"물론이죠. 계속하세요."

"여유 있는 생활이 즐거워지면 우리는 스스로 목표를 정한 후 더욱더 여유로운 삶을 즐기고 싶어 한단다. 원하는 목표를 정하고 성취하려고 노력하게 되지. 승진해야겠다, 창업을 해야겠다, 차를 바꿔야겠다 등등. 때로는 물질과 상관없는 목표를 정하기도 하지. 체중을 줄이겠다든지 담배를 끊겠다는 식으로 말이야. 이게 바로 목표를 세우고 성취하는 단계란다. 목표를 세우면, 예를 들어 '새

차를 마련하기'라고 해보자. 그러면 돈을 모으고 열심히 일하는 등 그 목표를 이루기 위해 노력하지. 그리고 마침내 자동차 매매계약서에 사인을 하게 되면 정말 기분이 날아갈 듯하지."

"물론이죠."

오스카가 환호하듯 대답했다.

"그게 바로 '성취감 획득 단계'로군요."

"그렇지. 승리에 도취되는 기분을 느끼는 단계지. 어떤 사람은 '구름 위에 앉아 있는 기분'이라고 표현하기도 하더구나. 하지만 안타깝게도 대부분의 사람들은 그 단계에서 멈춘단다. 너무도 많은 사람들이 인생에 있어 가장 중요한 단계를 놓친다는 얘기다. 한 인간으로서 완전한 행복과 자기완성을 달성할 수 있는 진정한 비결이 그 단계에 있는데도 말이야. 바로······."

"자기 자신을 위한, 자신만의 삶의 목표를 발견하는 일이로군요."

오스카가 로이의 말에 끼어들며 약간 들뜬 목소리로 말했다.

로이는 웃으며 고개를 끄덕였다.

"이 단계에 이르면 매일 아침 눈을 뜨면서 하루가 새롭게 느껴진단다. 뭘 해야 하나 하는 쓸데없는 걱정으로 시간을 허비하는 짓도 안 하게 되지. 자신이 사랑하는 일, 열정을 품고 있는 일을 하게 되면 그건 일이 아니라 삶의 목표이자 사는 이유가 되거든."

"무슨 말씀인지 알겠어요. 하지만 어떻게 해야 그런 목표를 찾을 수 있죠?"

"내가 일전에 만난 어떤 아가씨에 대한 이야기를 해 주마. 그 아가씨는 노인학 공부를 해서 석사학위를 땄다고 하더구나. 왜 그 분야를 택했냐고 물었지. 그랬더니 초봉이 높다, 주어지는 복지혜택이 많다, 승진 기회가 많다는 등 많은 이유를 늘어놓더구나. 그런 말을 들으면서 난 '이 아가씨는 직장에서 성공을 하겠구나. 정말 성취욕도 대단하고 일도 잘하겠어. 하지만 성공의 네 번째 단계인 목표 성취 단계까지밖에 못 오르겠구나.' 하는 생각이 들었단다.

그리고 옆에 앉아 있는 그 아가씨의 친구에게 무얼 하고 싶은지 물었단다. 그녀 역시 노인학을 공부하고 싶다고 하더구나. 이유를 알고 싶다고 했더니 그녀는 들뜬 표정이었지만 확고한 태도로 이야기를 시작했단다. 양로원에서 생활하는 노인의 실상에 관한 다큐멘터리를 본 이야기를 해 주더구나."

로이가 잠깐 숨을 고른 뒤 말을 이어나갔다.

"그 프로그램에서 할머니와 할아버지들이 움직이지도 못하고 침대에만 누워 지내는 거며, 휠체어를 타고 무기력하게 복도를 왔다갔다하는 것, 결장수술 후 배설물을 받아내려고 배에 달아놓은

비닐주머니가 줄줄 넘치는 것 등 안타까운 모습들을 많이 보았다는 거야. 그런 장면을 보면서 그녀는 몇몇 양로원의 열악한 시설과 의료 환경을 개선해야겠다고 마음먹었다는구나. 그 아가씨 말로는 자기 친척 중에도 할머니, 할아버지가 몇 분 계신데, 그분들이 그런 생활을 한다고 생각하니 정말 마음이 아프더라는 거야. 그 아가씨는 젊은 사람들이 노인 돌보는 일과 관련된 직업으로 많이 진출해서 확고한 직업의식을 갖고 일하면 그런 상황을 변화시킬 수 있다고 믿고 있었단다.

그러더니 불쑥 이렇게 말하더구나. '저도 언젠가는 나이가 들고 늙게 되겠죠. 창고 같은 곳에 갇혀 살다가 죽고 싶지는 않거든요. 아저씨도 그렇죠?' 그렇게 묻고 잔잔하게 웃더니 또 이렇게 말하는 거야. '제가 양로원에 거주하는 노인들을 위해 일하다 보면 분명 할머니와 할아버지, 특히 홀로 되신 분들이 양로원이 점점 좋아진다며 기뻐하는 모습을 보게 될 거예요. 그러면 저도 정말 뿌듯할 것 같아요. 그분들이 정말 원하는 건 자기들의 이야기를 들어주고, 다시 젊어지고 있다는 기분이 들도록 해 주며, 자신들이 살아 있구나 하는 기분을 느끼게 해 주는 사람이거든요.' 그녀의 말에는 확신이 배어 있었단다."

로이가 잠시 말을 멈추자 오스카가 물었다.

"두 번째 아가씨는 성공의 피라미드 맨 위에서 출발하는 셈이네요. 그렇죠?"

"물론이지. 그녀는 이미 자신의 삶의 목표를 발견한 거란다. 아침에 일어나면 그녀는 자신의 목표에 대한 열정을 느끼게 되겠지. 바로 이 일을 하기 위해 세상에 태어났다는 기분이 들 거야. 자, 도표를 다시 보렴. 왼쪽에 아래로 향한 화살표도 보이지? 자신의 목표를 발견한 사람에게는 그 아래 단계의 일들은 보다 자연스럽고 쉽게 이뤄진단다."

"왜 그렇죠?"

오스카가 재촉했다.

"노인을 위해 일하는 데서 자기의 목표를 찾은 그 아가씨는 당연히 성취감을 느끼게 될 거야. 자기가 하는 일에 열정을 가지고 있기 때문이지. 자기가 선택한 분야에서 좋은 직장을 구하면 아마 날아갈 듯한 기분이 들걸. 또 노인들에 대해 관심이 많기 때문에 자연스럽게 양로원의 환경 개선을 위한 목표와 이를 위한 방법을 찾게 되겠지. 그리고 직장에서 괜찮은 월급과 복지혜택을 받으니까 물질적 여유를 누릴 수도 있을 테고."

"직장에서 승진도 할까요?"

오스카가 끼어들었다.

"그럴 거야. 같은 조건이라면 직장 상사는 누구보다도 그녀를 먼저 승진시킬 거야. 누구든 일에 대한 남다른 열정을 가진 사람에게 높은 점수를 주기 마련이거든."

"이해가 되는군요."

오스카가 대답했다.

"그렇게 되면 자연스럽게 인정받고 있다는 느낌도 갖게 된단다. 또 월급으로 기본욕구를 충족시킬 수 있으니까, 일을 계속 하다가 한 걸음 더 나아가 노인 관련 업종에 종사하는 사업가나 직접 양로원을 경영하는 원장으로 변신할지도 모르지."

"일이 너무 쉽게……."

오스카는 생각에 잠긴 듯 중얼거렸다.

"그래, 네가 정말 하고 싶은 일이 뭔지를 발견하기만 하면 다른 모든 일은 쉽게 풀리기 마련이다. 왜냐하면……"

로이는 말끝을 흐리더니 오스카에게 다른 카드를 건네주었다.

좋아하는 일을 하거나 현재 하는 일을 좋아하면
성공은 저절로 따라온다.
When you do what you love, and love what you do,
you'll have SUCCESS your whole life through.

좋아하는 일을 하거나
현재 하는 일을 좋아하면
성공은 저절로 따라온다.

When you do what you love, and love what you do,
you'll have SUCCESS your
whole life through.

"대학을 졸업한 사람들 중 80퍼센트가 왜 전공과 상관없는 직장을 구하는지 생각해 본 적 있니? 단지 대학을 가야 한다는 이야기만 들을 뿐 자기가 정말 '하고 싶은' 공부에 대한 정보나 안내는 듣지 못하기 때문이란다. 가족이나 사회에서는 의학이나 회계학, 법학이나 공학처럼 미래가 탄탄히 보장되는 분야를 공부하라고 권유하지. 그래서 그런 공부에 대한 열정이 없는 학생들마저 점수만 되면 그 계통의 전공을 선택하는 거고, 마음에서 우러나오는 소리를 따르는 게 아니라 다른 사람의 말을 따르고 다른 사람의 기대에 부응하는 목표를 세우는 셈이지."

오스카가 멍한 표정으로 바라보자 멘토가 계속 설명했다.

"이런 식으로 생각해 봐라. 마이클 조던이 의무감으로 매일 코트에 나가 연습을 했기 때문에 위대한 선수가 되었을까, 아니면 그가 농구를 좋아해서 몰두했기 때문일까? 당연히 좋아하는 일에 몰두했기 때문이지. 테레사 수녀 역시 자신의 열정에 따라 살았던 사람이란다. 타이거 우즈나 빌 게이츠, 오프라 윈프리, 톰 행크스, 스티븐 스필버그 등도 마찬가지란다. 그들은 자기들이 좋아하는 일을 하지. 그러니 당연히 열심히 하지 않겠니? 무엇보다도 자기가 하고 싶은 일을 한다는 게 가장 중요하단다."

"하지만 전 그런 사람들처럼 대단한 재능이 없는걸요."

오스카는 의심스럽다는 듯이 반론을 제기했다.

"요점은 그게 아니란다. 자신의 목표를 찾아 열정적으로 추구하는 게 중요하다는 걸 말하려고 하는 거란다. 그런 과정 속에서 얻게 되는 인정과 성취감을 생각해 보아라. 때때로 사람들이 불가능하다고 말하는 목표를 이루기도 하지 않니? 그런 사람들은 기본욕구는 충족되기 마련이라는 걸 알고 있고, 나아가 물질적 여유를 누리는 넉넉한 생활을 하게 된단다."

멘토는 잠시 숨을 고른 뒤 말을 이었다.

"하지만 이런 점도 알아야 해. 그렇다고 그들이 순풍에 돛단 듯 목표에 이른다는 말은 아니다. 난관에 부딪히고 고통을 겪기도 하지. 파산할 때도 있고 무일푼이 될 때도 있겠지. 흔히 도전에 대한 대가라고 말하는 거지. 특별히 엄청난 재산을 물려받거나 복권에 당첨되지 않는 이상 그런 고생은 누구나 한단다. 어떠냐? 너도 꿈을 추구하기 위해 고생을 각오하고 자신을 던져 볼 생각은 없니?"

"차이가 뭔지 알겠어요. 목표도 없이 단지 기본욕구를 채우는 생활에 허덕이며 고생하는 것과 자신의 목표를 분명히 파악하고 고생하는 건 분명 다르죠. 음, 예를 들어 제가 배우 지망생이라고 치면, 온갖 잡다한 일을 하고 수없이 오디션을 보러 다니며 떨어져도 그 모든 과정이 목표를 이루기 위해 치르는 대가라고 생각하겠죠."

"그게 바로 기본적인 개념이란다."

로이가 유쾌하게 대답했다.

"하지만 아저씨, 지금 직업을 바꾸기에는 좀 힘들 거 같아요. 생활비도 벌어야 하고, 아내와 두 아이도 책임져야 하고……. 너무 복잡하게 얽힌 삶이라 이제 와서 뭔가를 바꾸기는……."

오스카가 말끝을 흐렸다.

"뭔가를 바꿀 수 없다? 이걸 읽어 보아라."

로이는 오스카에게 새로운 카드를 건네주었다.

모든 것은 생각하는 대로 보인다.
왜냐하면 스스로 그렇게 인식하기 때문이다.
Things are the way you THINK they are,
because you THINK they are that way.

"오스카, 오래전에 들려줬던 헨리 포드 이야기 기억나니? '할 수 있다고 생각하면 할 수 있는 것이고, 할 수 없다고 생각하면 할 수 없는 것이다.' 이 말과 일맥상통한다고 볼 수 있지. 너는 아직 젊은 나이에 많은 사람들이 평생을 살아도 이루지 못할 성공을 이루었 모든 것은 생각하는 대로 보인다.
왜냐하면
스스로 그렇게 인식하기 때문이다.

Things are the way you THINK they are,
because you THINK they are that way.

다. 하지만 참된 행복을 얻으려면, 다시 말해 마감일에 맞춰 일을 끝낸다는 식의 목표가 아닌, 자신만의 삶의 목표를 이루겠다는 생각으로 살고 싶다면, 네 마음을 잘 들여다보고 내면의 목소리를 따라야 한다. 삶의 방향을 바꿀 시간은 충분하단다. 하지만 오직 너만이 어떤 길이 최선의 선택인지 알 수 있단다."

"하지만 아내와 아이들은 어떡하죠? 제가 직업을 바꾸는 걸 아내가 찬성하지 않는다거나 아이들을 제대로 부양하지 못하게 되면 어떡합니까?"

"일단 확고한 목표를 찾게 되면 그 방향으로 확실하게 밀고 나가야 한다. 그러면 아마 네 아내도 결국은 네 뜻에 따라줄 거고, 아이들도 상황이 어떻게 달라지든 아버지에 대한 사랑은 변함이 없을 거다. 결국 아무것도 변하는 건 없단다. 어쩌면 훨씬 좋아질지도 모르지. 단지 만족하지 않는 직업을 참고 받아들이던 네 태도만 바뀌게 되는 거란다. 태도가 바뀌고 나면 네가 흥미를 느끼는 뭔가를 향해 하나하나 실행에 옮기게 되겠지. 그러다 보면 너 스스로 즐거움을 찾게 될 테고, 나는 그렇게 믿는다. 지금까지 사무실에 도배하고도 남을 만큼 많은 카드를 주었지만, 또 한 장 꺼내놓아야겠구나. 여기 이 카드에 오늘 내가 한 말을 한마디로 요약하는 교훈이 담겨 있단다."

믿음을 갖고 과감히 나아가라. 어떠한 두려움에도 굴하지 마라.
성공과 실패는 자신의 태도에 달려 있다.
따라서 긍정적인 태도로 밀고 나가라.
Courageously step forward in faith, in spite of any fears.
Your attitude is the main factor in your success or failure.
So, make it a positive one!

"이제 태도 변화의 예를 들어보자. 상황은 똑같은데 완전히 다른 반응을 보이는 경우가 있지? 너도 쉽게 이해될 거다. 사랑에 처음 빠졌을 때는 상대방이 진짜 완벽해 보이지?"

로이가 눈을 반짝이며 물었다.

"물 잔을 엎어도 귀엽고, 어쩌다 앞을 못 보고 나한테 머리를 부딪쳐 넘어지려고 하면 그 순간 넘어지지 않게 보호하려고 하고, 설사 넘어진다 해도 서로 부둥켜안으며 즐거워하지. 그런데 한 6개월 정도 지나면 상황이 어떻게 변하지? 상대가 물 잔을 쏟으면 짜증부터 나기 십상이지. 어떤 때는 황당하게도 상대방으로부터 나 때문이라는 소리나 듣고 말이야. 그리고 여자 친구가 내게 머리를 꽝 부딪치면 '조심성 없구나.'라는 생각부터 들겠지. 안 그래?"

"그렇죠."

믿음을 갖고 과감히 나아가라.
어떠한 두려움에도 굴하지 마라.
성공과 실패는 자신의 태도에 달려 있다.
따라서 긍정적인 태도로 밀고 나가라.

Courageously step forward in faith, in spite of any fears.
Your attitude is the main factor in your success or failure.
So, make it a positive one!

오스카가 웃으며 대답했다.

"도대체 뭐가 달라진 걸까? 같은 사람에게 같은 일이 벌어졌는데. 바로 인식의 차이지. 모든 일이 그런 식이란다. 이런 일이 있으면 안 되겠지만 중병에 걸려 입원했다가 완치되어 퇴원한다고 하자. 갑자기 신의 은총을 받은 듯한 기분이 들게 된단다. 그렇지? 차나 집을 새로 사거나 승진을 하거나, 특히 첫 아이가 태어났을 때도 비슷한 기분이 들지. 그 날아갈 듯한 기분, 어떤지 알지?"

"그럼요."

오스카가 흐뭇한 웃음을 띠우며 대답했다.

"그러고 보니 데이비드와 조안나를 찍은 새로운 사진을 가지고 왔어요. 보여드리려고요."

오스카가 사진을 꺼내자 잠시 이야기가 중단되었다. 로이는 귀여운 아이들의 모습을 보며 감탄했다. 잠시 후 사진을 건네주고 엄숙한 목소리로 다시 이야기를 시작했다.

"하던 이야기를 마저 하자면, 우리가 방금 언급한 '인식'의 아이러니는 실제로 변한 건 아무것도 없는데 사물이 달라 보인다는 점이다. 어떤 이유로든 너의 태도나 인식은 바뀔 수 있는 거란다. 그런 가운데 변화가 실제로 일어날 수도 있고 말이야. 하지만 우리가 선택한 일에서 좋은 점을 보려고 하면 그런 건 문제가 되지 않는

법이지. 필요에 따라 방향을 바꿀 수도 있고 말이야."

"인생은 변화와 기회로 가득 차 있다. 성공과 실패를 결정하는 건 모든 일에 대한 자신의 태도다. 물론 행복도 마찬가지다. 이런 말씀이시죠?"

"그렇지. 역시 너답구나."

로이의 얼굴이 환하게 빛났다.

"자, 이제 이런 세상을 한번 상상해 보자. 우리가 대부분의 시간을 즐겁게 보내고, 사람들은 훨씬 친절하며, 꽃은 더욱 향기롭고, 새들은 즐겁게 노래하며, 하늘은 언제나 푸른 세상 말이야."

"항상 행복할까요?"

오스카는 그렇지 않을 것 같다는 투로 물었다.

"글쎄, 우리에게 용기를 주는 말이 있단다."

로이가 다시 목소리를 높였다.

"인생은 우리가 보는 그대로다. 우리는 선택만 하면 된다. 왜 그런지 알겠지? 내가 좀 전에 준 카드를 다시 한 번 읽어 봐라."

"모든 것은 생각하는 대로 보인다. 왜냐하면 스스로 그렇게 인식하기 때문이다."

오스카는 알겠다는 듯 환히 웃었다.

"어느 순간이든, 의식이 점점 없어지는 순간에도 세상이 로맨틱

하고 재미있고 멋있어 보일 수도 있단다. 누군가가 나를 성가시게 하거나 상황이 내 뜻대로 되지 않을 때면 나는 즐거웠던 일을 떠올린단다. 좀 철학적이긴 하지만 난 모든 일은 나름대로 이유가 있어서 발생한다고 믿거든. 어떤 사람들이 우리에게 화를 내기도 하지만, 그건 아마 피곤하거나 스트레스를 많이 받았기 때문일 거야. 사람들은 보통 다른 사람들에게 잘해 주려고 한단다."

멘토는 입가에 잠시 미소를 띠더니 계속해서 말했다.

"그런 사람들이 훨씬 더 많다는 얘기다. 그래서 우린 상황이 처음에 생각했던 것보다는 나쁘지 않다는 걸 곧 깨닫게 되지. 우리에게 필요한 건 상황에 대한 인식의 변화야. 여러 각도에서 사물을 바라보고 용서하는 자세를 갖추는 식으로 말이다. 하늘도 알고 계시지. 인간이 결점투성이라는 사실을! 자, 네가 어떤 일로 괴로워하고 있다고 가정해 보자. 그런 와중에 복권에 당첨 되었다든가, 동네 야구시합에서 9회 말에 역전 홈런을 쳤다고 하자. 그럼 그 골칫거리가 여전히 똑같이 느껴질까? 무슨 말인지 알겠니?"

"터널 끝엔 언제나 빛이 있다. 그러니 빛을 생각하며 사물의 밝은 면을 보라. 남을 의심하는 건 사는 데 별 도움이 안 된다. 그런 말씀이시죠?"

"그렇지. 네가 어떻게 보느냐에 따라 물 잔에 물이 반밖에 안 남았을 수도 있고, 반이나 남았을 수도 있다. 대개의 경우 물 잔의 물 높이는 변하지 않는단다. 변하는 건 우리의 인식일 뿐이지."

이야기를 하면서 로이는 반 정도 찬 물 잔을 들고 빙그르르 돌렸다.

"아저씨, 생각해 보니 아까 그 도표에서처럼 인간의 욕구가 단계별로 진행한다는 건 딱 맞는 말씀인 것 같아요. 직장에서 같이 일했던 제프 아저씨가 생각나네요. 한 직장에서 30년 동안 근무하신 정말 좋은 분이었죠. 그분의 인생 목표는 예순다섯에 퇴직해서 연금 생활을 하며 아이스크림 가게를 내는 거였어요. 이런 아이스크림 가게 말이에요. 그리고 실제로 '그랜드파'라는 아이스크림 가게를 오픈했어요. 제프 아저씨는 색다른 맛의 아이스크림 만드는 걸 좋아했고, 애들이 엄마 손을 잡고 가게로 들어와 자기를 '그랜드파(할아버지)'라고 부르는 걸 상상하며 흐뭇해했죠.

제프 아저씨가 예순이 넘어 자신의 꿈이었던 아이스크림 가게를 내자, 찾아오는 사람들이 점점 많아졌어요. 그리고 18개월 만에 제프 아저씨 딸이 '그랜드파' 2호점을 차렸어요. 부인과 제프 아저씨의 두 여동생도 체인점을 냈죠. 이제 전부 열한 개나 돼요. 지금 제프 아저씨는 '그랜드파'의 사장님이 되어 인생의 최고 황금기를 누리고 있어요."

"정말 대단하구나."

로이가 짧게 대답했다.

"저 역시 그렇게 생각했어요. 그런데 지금 아저씨와 이야기를 나누다 보니 제프 아저씨가 직장생활을 30년이 아닌 5년 정도만 하고 가게를 시작했었더라면 어땠을까? 자기 삶의 목표를 깨달은 순간 바로 실행에 옮겼더라면, 그러면 지금쯤 가게가 몇 개나 될까 하는 생각이 들었어요. 그랬더라면 그 긴 세월을 자신이 하고 싶은 일을 '할 생각을 하며' 보내는 게 아니라 실제로 '하면서' 보내지 않았을까요?"

로이는 잔잔히 웃으며 새로운 카드를 건넸다.

"이게 너에게 주는 마지막 카드가 될 것 같구나. 오스카, 이제 내가 줄 수 있는 건 다 주었다. 여기에 담긴 교훈을 곰곰이 새겨 보아라. 네가 하고 싶은 일을 할지 안 할지는 이제 네가 결정할 문제인 것 같구나."

오스카가 카드를 내려다보며 읽었다.

인생에서 원하는 단 한 가지는 내 삶에 내 전부를 바치는 것이다.
All I want in life is to give my life my all.

오스카는 동의의 눈길을 보내며 웃었다. 오스카는 자신이 삶의 목표를 이루리라는 걸 알 수 있었다.

인생에서 원하는 단 한 가지는
내 삶에 내 전부를
바치는 것이다.

All I want in life is to give my life my all.

"다른 사람들이 성공할 수 있도록
얼마나 도움을 주었느냐 하는 것이 자신의 성공 척도다."

이제, 당신 차례다

10년 후, 오스카의 삶은 로이와의 마지막 정례 만남 이후 완전히 바뀌었다. 그날 그 자리에서 그들은 삶의 목표에 대해 이야기를 나누었다. 오스카는 회사를 그만두고 평생 꿈이었던 작가가 되기로 결심했다. 이후 그는 베스트셀러 작가가 되었을 뿐만 아니라 출판사도 직접 경영하게 되었다.

그의 책은 전국 서점에서 날개돋친 듯 팔렸고, 작가가 되면서 가족과 함께 많은 시간을 보내게 되었으며, 아이들이 커가는 모습도 지켜볼 수 있었다. 오스카와 그의 아내 그리고 아이들은 정말 행복했다. 그뿐만 아니라 오스카는 로이와 만나면서 이야기했던 유명한 사람들을 대부분 직접 만났다. 그리고 그들에게 자신을 이끌어 준 로이를 소개하는 것도 잊지 않았다.

오스카와 로이, 두 사람은 이제 더 이상 매달 만나지는 않는다. 하지만 서로 꾸준히 연락을 주고받고 있다. 그리고 오늘 아주 오랜만에 두 사람은 '얼음 궁전'에서 다시 만나기로 했다.

"유명인사가 다 된 거 같네."

오스카를 가리키며 옆자리에서 속삭이는 남녀를 보더니 로이가 놀렸다.

"이번 책 정말 좋았어요."

커피를 내려놓으며 이스텔이 오스카에게 말했다.

"하지만 무뚝뚝해도 사랑스러운 아이스크림 가게 직원에 대해서는 더 많이 써주셔야 했어요."

"다들 비평가라니깐요."

오스카가 농담을 했다.

"이제부터는 저를 직원 겸 사장으로 불러 주셔야 해요."

기분 좋은 듯 이스텔이 환하게 웃으며 그들에게 말했다.

"두 분의 긍정적인 생각 덕분에 저도 변했답니다. 오래전에 사장님께서 동업자로 일하자고 하셔서 사장님께 지분 일부를 매입했어요. 그런데 얼마 전에 사장님이 은퇴하시면서 자신의 지분을 모두 제게 주셨어요. 자신은 가게에 나오겠다는 조건만 제시하시고요. 얼마나 고마운 분이신지."

"잘됐네요."

로이가 환하게 웃으며 말했다.

"네, 축하드려요."

오스카가 맞장구쳤다.

"이곳은 정말 마법에 걸린 것 같아요."

"그 마법을 잊지 마라."

이스텔이 자리를 뜨자 로이가 부드럽게 말했다.

"저 할 말 있어요, 아저씨."

젊은 작가는 스승에게 경의를 표시했다.

"이제 아저씨께 그 마법을 드리고 싶어요. 아저씨가 주신 가르침은 정말 효과가 있었어요. 제가 운영하는 출판사가 요즘 잘 되고 있거든요. 그건 아저씨의 조언에 따라 적절한 사람들이 제대로 일을 하도록 권한을 부여했기 때문이라고 생각해요. 저는 부를 창조하는 데 일조한 사람들과 그 부를 나누고, 회사생활에서 배운 교훈을 이용해 가끔 발생하는 어려운 일을 해결하고 있어요. 그건 그렇고, 아저씨께 드릴 게 있어요."

오스카는 탁자 밑으로 손을 뻗어 상자 하나를 꺼냈다.

"이게 뭐지?"

로이는 마치 소년처럼 들뜬 목소리로 물었다.

"열어 보세요."

로이가 상자 뚜껑을 열고는 크게 웃었다.

"약속을 지켰구나!"

로이가 수백 장의 낡은 야구 카드를 보며 소리쳤다.

"그럼 우리 이젠 서로 빚진 카드가 없는 셈이네."

오스카가 수줍게 말했다.

"아저씨, 그게 다가 아녜요."

그는 훌륭하게 제본된 책 한 권을 꺼내 로이에게 건넸다.

"아저씨가 지금까지 제게 주신 카드를 모두 모아 책으로 만들었어요."

오스카의 말에 로이는 크게 감동받았다.

"아저씨의 교훈에 대한 제 생각과 그게 제에게 얼마나 큰 도움이 되었는지를 밝히는 글도 함께 엮어서 말이에요. 이 책을 전국에, 나아가 전 세계에 배포할 생각이에요. 수익금은 모두 아저씨께서 지정해 주시는 자선단체에 기부할게요."

"정말 굉장한 선물이로구나!"

로이는 손으로 눈가를 훔쳤다.

"알레르기야."

변명하듯 로이가 중얼거렸다.

"그 카드들은 자네 아들에게 주게나. 그리고 책 수익금은 그 책이 팔리는 각 지역 사회의 멘토 프로그램에 기부하면 좋을 것 같네. 나를 그렇게까지 생각해 줘서 정말 고마워."

"그렇게 할게요."

오스카가 아이처럼 환하게 웃으며 말했다.

"또 놀라게 해드릴 일이 있어요. 아저씨와 제가 처음 만났을 때 했던 약속을 지키려고요. 아저씨가 제게 가르쳐 주신 것을 나누는 가장 좋은 방법은 아저씨가 제게 했던 그대로 하는 거라는 생각을 했어요. 멘토가 되는 것 말이에요. 실은 몇 분 후면 저에게 가르침을 받을 꼬마 친구가 여기로 올 거예요."

두 사람은 천천히 '얼음 궁전'을 나오며 둘이 함께 있는 시간을 음미했다. 그리고 작별 인사로 서로 포옹했다.

"잠깐만요."

로이가 돌아가려고 발을 떼자 오스카가 불렀다.

"제 새 차를 보셨나요?"

오래전에 멋진 자전거를 자랑하던 때처럼 오스카는 번쩍거리는 새 벤츠를 선보이며 홈쇼핑 진행자와 같은 포즈를 취했다.

"정말 잘 골랐다, 오스카."

로이가 칭찬했다.

"훌륭한 멘토가 되길 바라네."

모퉁이 쪽으로 걸어가며 로이가 소리쳤다. 커브를 돌 때 뒤에서 작은 재잘거림이 들려 로이는 걸음을 멈추고 돌아보았다. 로이가 처음 만났을 때의 오스카만 한 나이의 소년이 오스카를 올려다보며 말을 건네고 있었다.

"우와, 이게 아저씨 차예요? 아저씨 부자네요. 어떻게 그렇게 부자가 되셨어요?"

소년에게 몸을 굽히는 오스카의 모습을 보는 로이의 가슴은 기쁨으로 차올랐다. 오스카는 조끼 주머니에 손을 넣어 로이와 처음 만났을 때 그가 주었던 카드를 꺼내 소년에게 건네주었다. 거기에는 이렇게 쓰여 있었다.

"실행에 옮기는 순간 꿈은 이루어진다."

오스카가 소년에게 말했다.

"우리 이제 뭔가 결정해야 할 것 같은데."

"네? 무슨 말씀이세요?"

소년이 조금 놀라며 물었다.

"그러니까 이렇게 밖에서 비즈니스 얘기를 할 건지 아니면 가게 안에 들어가서 아이스크림을 먹으면서 얘기할 건지 말이야."

자, 이제 당신 차례입니다.

로이의 성공 카드를 다른 사람들에게도 나눠 주기 바랍니다.
카드를 복사해 다른 사람들에게 나눠 주면 됩니다.
복사하기 편하도록 카드를 모두 정리해 놓았습니다.
이제, 여러분도 누군가의 성공을 돕는
삶의 멘토가 되어 보십시오.

실행에 옮기는 순간 꿈은 이루어진다.

Dream are realities on which you haven't yet taken ACTION.

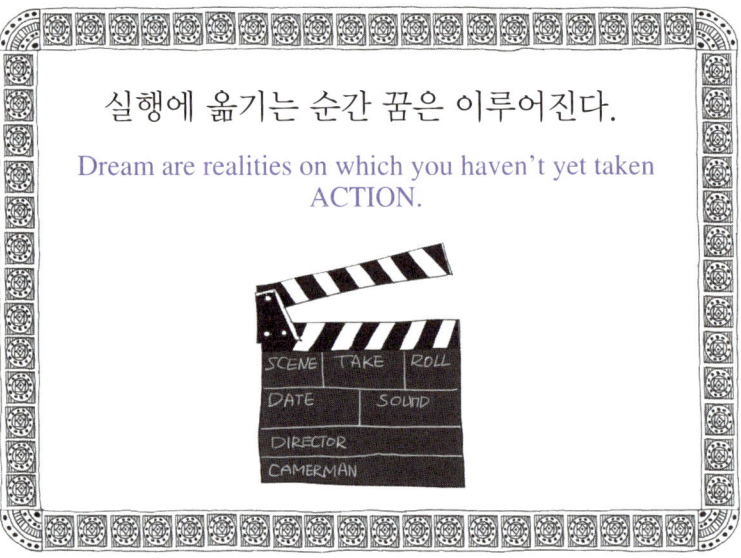

절대 포기하지 마라!
포기하면 안 되는 경우가 두 가지 있는데,
'포기하고 싶을 때'와
'포기하고 싶지 않을 때'이다.

NEVER GIVE UP!
The only two times you need to
keep pushing on are:
When you want to and
when you don't!

가장 소중한 재산은
나누는 마음이다.

Our most valuable possession is the
one that possesses us to share.

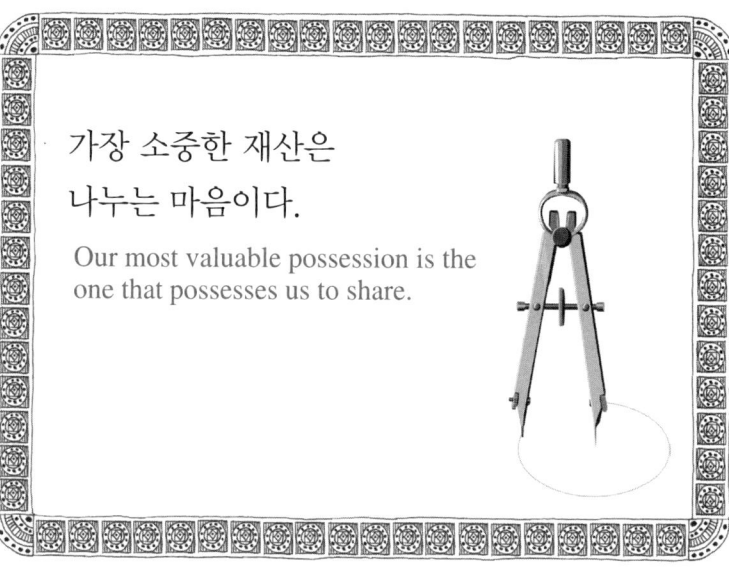

목포에 도달하려면
가장 먼저 목표가 있어야 한다.

Before you can even hope to reach a goal,
you first need to HAVE one.

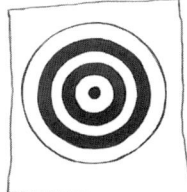

일을 공유해 타인의 힘을 지레처럼 이용할 때
성공할 확률은 높아진다.

Our success is most assured
when we duplicate our efforts
by leveraging with others.

생각만 하는 것과 실제로 실행하는 것은
결과에서 차이가 나타난다.

The difference between just
TRYING to do something and
actually DOING
it is found in the OUTCOME.

'세일즈'에서 끝나서는 안 된다.
항상 '클로징'을 염두에 두어라.

It's as easy as A.B.C. - Always Be Closing.

잃는 것에 대한 두려움은
얻는 것에 대한 기대감을 앞선다.

The fear of loss outweighs the benefit of gain.

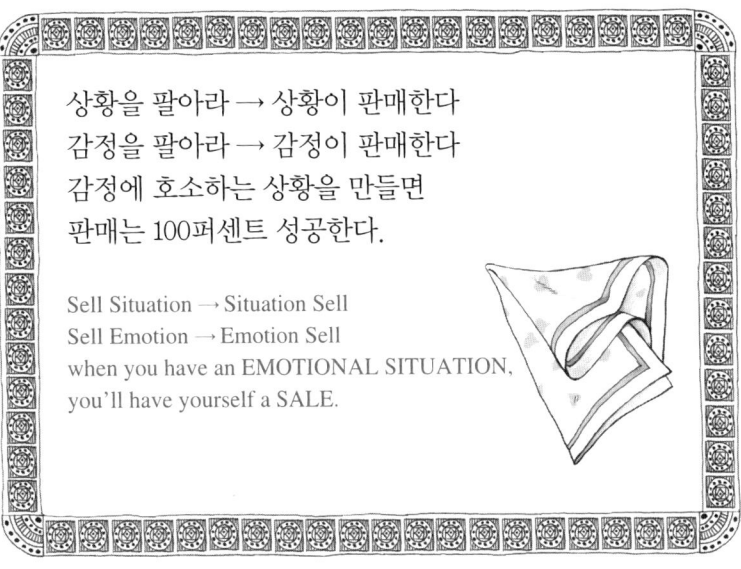

상황을 팔아라 → 상황이 판매한다
감정을 팔아라 → 감정이 판매한다
감정에 호소하는 상황을 만들면
판매는 100퍼센트 성공한다.

Sell Situation → Situation Sell
Sell Emotion → Emotion Sell
when you have an EMOTIONAL SITUATION,
you'll have yourself a SALE.

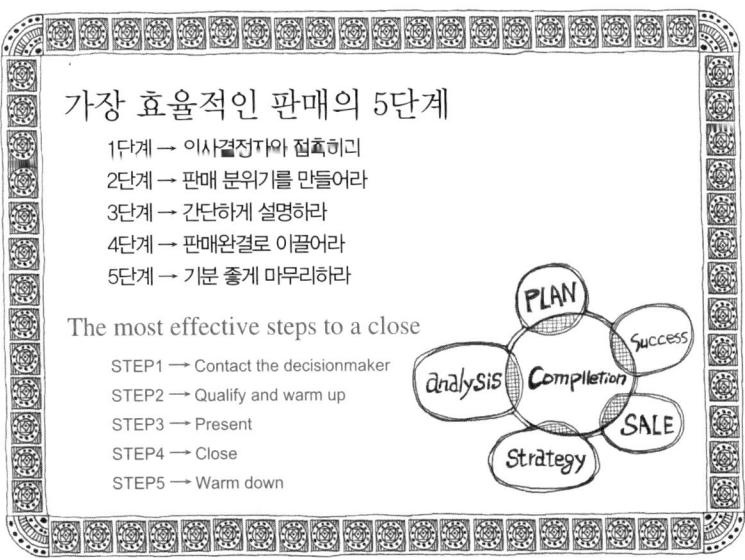

가장 효율적인 판매의 5단계

1단계 → 이사결정자와 접촉하라
2단계 → 판매 분위기를 만들어라
3단계 → 간단하게 설명하라
4단계 → 판매완결로 이끌어라
5단계 → 기분 좋게 마무리하라

The most effective steps to a close

STEP1 → Contact the decisionmaker
STEP2 → Qualify and warm up
STEP3 → Present
STEP4 → Close
STEP5 → Warm down

너는 할 수 있다.
너는 하게 될 것이다.
또 다른 조개를 열어 보기만 하면 된다!

You CAN do it.
You WILL do it.
Just shuck Another Oyster!

고객이 듣고 싶어 하는 말이 아니라
고객에게 필요한 말을 하라.

Tell them what they NEED to hear.
not what they WANT to hear.

기분이 아주 좋아요.
제 자신에 만족하거든요.

I feel so good - even I want to be me.

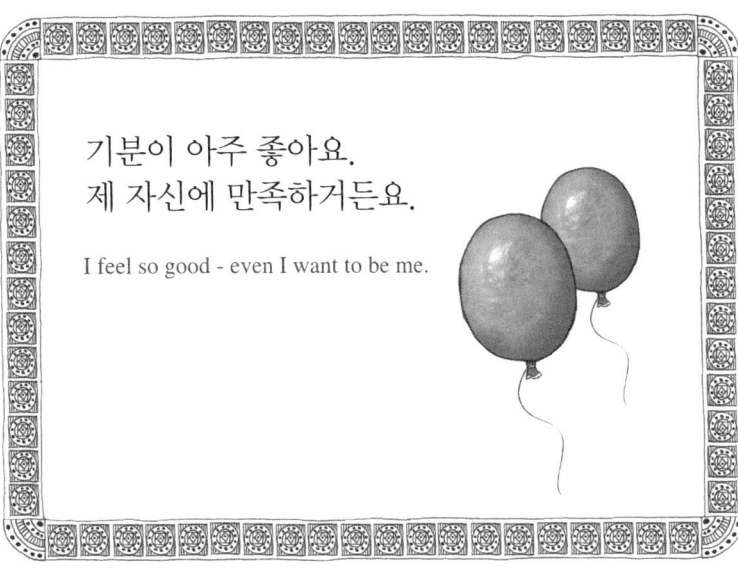

원하는 것을 얻으려면,
먼저 상대방이 원하는 것을 얻도록 도와주어라.

To get what YOU want,
you FIRST need help others get what
THEY want!

꿈을 날짜와 함께 적어놓으면
그것은 목표가 되고,
목표를 세분화 하면
그것은 계획이 되며,
그 계획을 실행에 옮기면
꿈은 실현되는 것이다.

A DREAM written down with
a date becomes a GOAL,
A goal broken down
becomes a PLAN,
A plan backed by ACTION
makes your dream come true.

사람을 평가하는 진정한 척도는
바로 책임감이다.

The true measure of person's integrity is the extent to
which he or is accountable.

리더는 비전을 창조하고, 모범을 보이며,
사람들에게 권한을 부여해 목표를 성취하게 한다.

LEADERS create the vision, set the example,
and empower others to help make it happen.

아이디어와 정보를 아낌없이 공유하라.

Share ideas and information generously.

어려운 시기에 그 시련을 극복하는 방법을 보면
리더를 파악할 수 있다.

The true measure of all great leaders is how well they
weather the storms.

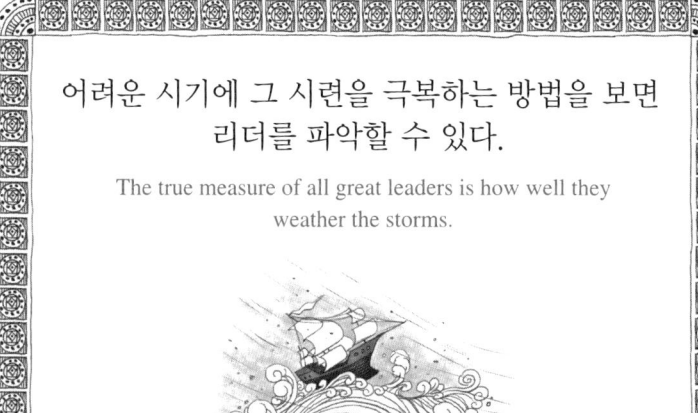

잘 나가던 시절 100일간의 모습보다
그렇지 않은 시절 단 하루를 보면
그 사람의 됨됨이를 더 잘 알 수 있다.

We learn more about the character of people on one OFF day,
than on all their ON days put together.

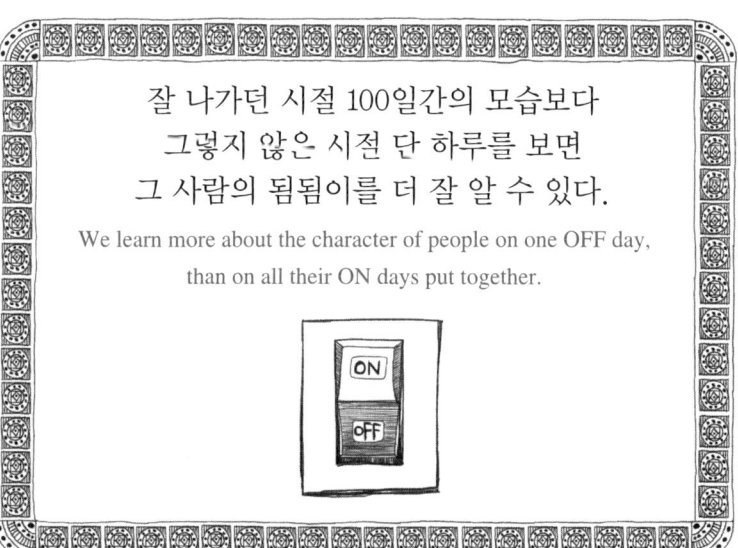

매사 부정적인 사람을 피하라.

Avoid people who have negative attitudes.

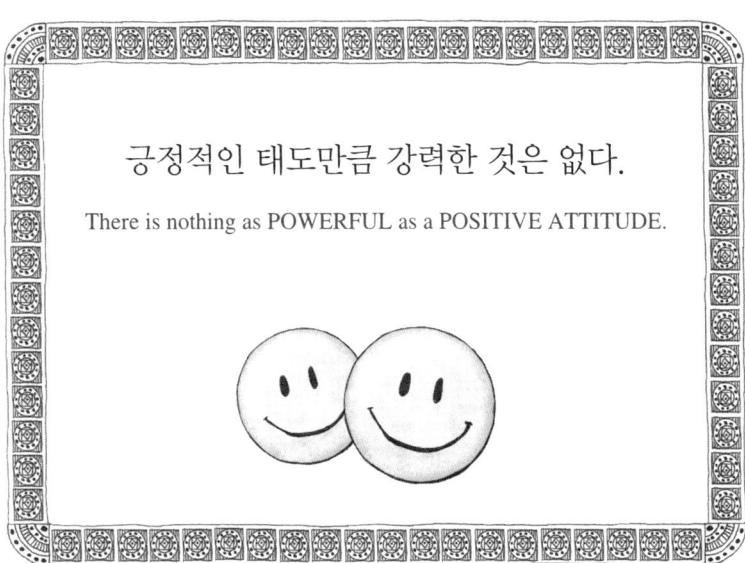

긍정적인 태도만큼 강력한 것은 없다.

There is nothing as POWERFUL as a POSITIVE ATTITUDE.

중요한 것은 무슨 일을 하느냐가 아니라,
얼마나 잘하느냐이다.

What is important is how well we perform a task, not how big it is.

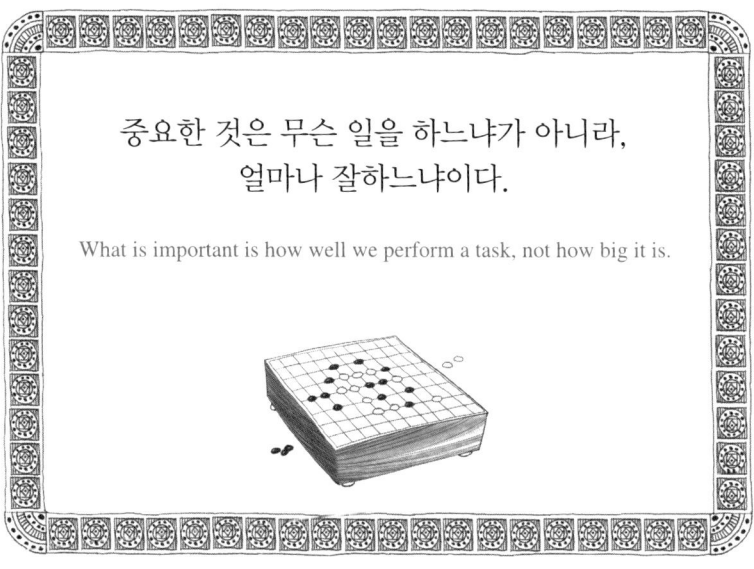

진정으로 행복을 느낄 때는 남의 기대에 따라
남이 좋아하는 일을 할 때가 아니라
나를 위해 내가 좋아하는 일을 하는 경우다.

I find more enjoyable INVESTING time in
doing what pleases me,
rather then WASTING time inappropriately
trying to please others.

좋아하는 일을 하거나
현재 하는 일을 좋아하면
성공은 저절로 따라온다.

When you do what you love,
and love what you do,
you'll have SUCCESS your
whole life through.

모든 것은 생각하는 대로 보인다.
왜냐하면 스스로 그렇게 인식하기 때문이다.

Things are the way you THINK they are,
because you THINK they are that way.

믿음을 갖고 과감히 나아가라.
어떠한 두려움에도 굴하지 마라.
성공과 실패는 자신의 태도에 달려있다.
따라서 긍정적인 태도로 밀고 나가라.

Courageously step forward in faith,
in spite of any fears.
Your attitude is the main factor in your
success or failure.
So, make it a positive one!

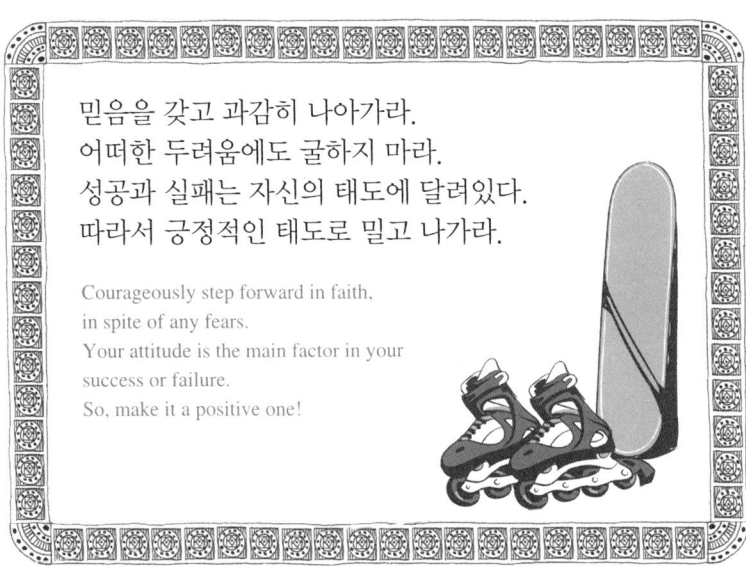

인생에서 원하는 단 한 가지는
내 삶에 내 전부를
바치는 것이다.

All want in life is to give my life my all.

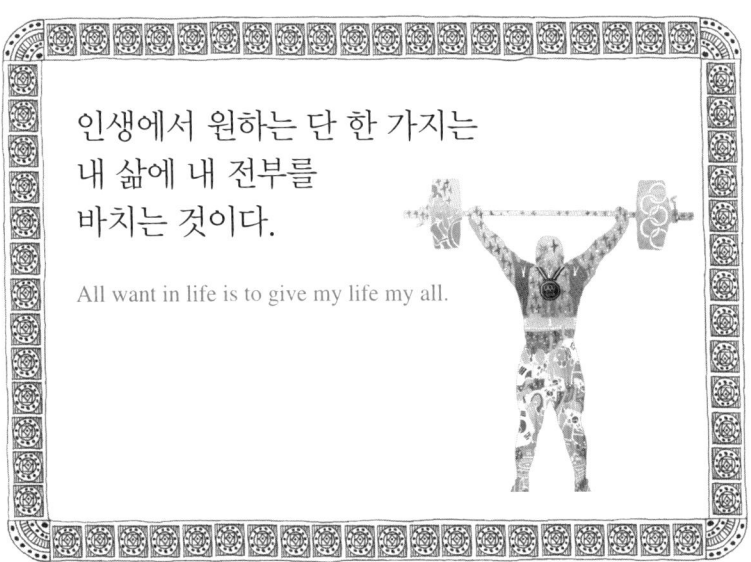

꿈 리스트

20   년   월   일

번호	분류	목표	목표기한	달성연도	메모
1					
2					
3					
4					
5					
6					
7					
8					
9					
10					
11					
12					
13					
14					
15					
16					
17					
18					
19					
20					

실행의 힘

실행의 힘

초판 1쇄 인쇄 2014년 2월 5일
초판 1쇄 발행 2014년 2월 12일

글쓴이 그레그 S. 레이드
옮긴이 안진환
그린이 곽윤환
디자인 이지영
펴낸곳 세종미디어
발행인 채규선
등록번호 제 2012-000134
등록일자 2012년 8월 2일
주소 경기도 고양시 덕양구 화정동 1141
전화 031-978-2692
팩스 02-335-6650
이메일 sejongph8@daum.net

값 12,000원
ISBN 978-89-94485-16-4 13320

*잘못 만들어진 책은 바꾸어 드립니다.
*세종미디어는 독자 여러분의 소중한 원고 투고를 기다리고 있습니다.
 원고가 있으신분은 sejongph8@daum.net로 보내주세요.